管理者14天轻松看透财报

挖掘数字背后的秘密

吕亚熙◎编著

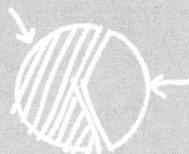

中国铁道出版社有限公司

CHINA RAILWAY PUBLISHING HOUSE CO., LTD.

内 容 简 介

在移动互联网时代，学习方式正在发生翻天覆地的变化，本书不但是一本通俗易懂的财经读物，更是一本打破了财会教育界惯有思维范式的财务落地培训工具书。本书不仅帮助读者从零起步，学会财会基础知识和财务报表的分析方法；还从财务到管理决策的进阶，涉及融资、投资、人资、风控、成本控制等方面的决策必需知识。

本书内容详实，案例真实，观点鲜明，方法简便易行，因此不但可以作为企业管理者的案头书，还可以作为自主学习的促动材料；它突破了本位主义的桎梏，大胆地把管理决策中需要用到的知识融为一炉，以期帮助不同层次、不同角色、不同岗位、不同知识背景的管理者都能从本书内容中汲取营养。此外，本书还可以作为财会教学的参考书。

图书在版编目（CIP）数据

管理者 14 天轻松看透财报：挖掘数字背后的秘密 /
吕亚熙编著 . —北京：中国铁道出版社，2019.5

ISBN 978-7-113-25422-3

Ⅰ . ①管… Ⅱ . ①吕… Ⅲ . ①会计报表—基本知识

Ⅳ . ① F231.5

中国版本图书馆 CIP 数据核字（2019）第 006145 号

书　　名：**管理者 14 天轻松看透财报：挖掘数字背后的秘密**
作　　者：吕亚熙　编著

责任编辑：王　佩　　　　　　　读者热线电话：010-63560056
责任印制：赵星辰　　　　　　　封面设计：MXK DESIGN STUDIO

出版发行：中国铁道出版社有限公司（100054，北京市西城区右安门西街 8 号）
印　　刷：三河市宏盛印务有限公司
版　　次：2019 年 5 月第 1 版　　2019 年 5 月第 1 次印刷
开　　本：700mm×1000mm　1/16　印张：15.75　字数：250 千
书　　号：ISBN 978-7-113-25422-3
定　　价：55.00 元

前言

F O R E W O R D

———————————

如果你是一位管理者，不管你是企业负责人、公司高层，还是某个部门的负责人，你都可能遇到下列难题：

想把业务做大做强，但不知该从哪里下手？

面对产品滞销，究竟该采取怎样的对策？

团队争吵不休，该如何达成共识、形成合力？

如何带领团队保质保量如期完成任务？

怎样应对指责？

如何进行利益分成？

怎样进行风险管控？

……

作为管理者就必须时刻面临着各种决策，这些决策不但影响着企业的局部和现状，也会影响各种系统的整体和未来。企业本身就是一个复杂的组织系统，如果管理者只见树木、不见森林，只看眼前、不顾长远，只看现象、不看本质，固守本位、忽视协同，那么所做出的决策就多半是"头痛医头、脚痛医脚"，其结果很可能是"按下葫芦起来瓢"甚至"饮鸩止渴"，最后反而伤害了企业的利益，那样的话就违背了管理者的初衷。

于是，为了提升自己的管理水平，管理者们都不约而同地想到了向公司财务部门要数据，但却发现自己又掉进了一个新的陷阱——"数字陷阱"。作为一名在会计圈里摸爬滚打了 12 年的经济学人，我完全能够想象出非财务专业的经理人从面无表情、木讷寡言的会计手里接过满布精确到小数点后两位数字的财务报表之后的那种哀怨又无助的神情。

不论你有没有财务背景，作为一名称职的管理者，你都应该学会看财务报表，毕竟它是一份定性与定量并重、较为客观中立的定期经营总结。

因本人在读书的时候就对那种满篇数学建模、把原本就看得懂的话写得反而看不懂的"学究体"深恶痛绝，故在写这本书的时候，我特意在节标题中亮出观点，把一些晦涩的术语名词都尽量以通俗易懂的语言做了阐释，对用到的方法都做了详细的介绍，并在其中穿插案例，以帮助读者理解和掌握。

这本书的写作思路是这样的：

◆ 第 1~2 天：财务会计基础入门。

◆ 第 3~6 天：怎样读财务报告中的四表一注。

◆ 第 7 天：财务报表综合分析法。

◆ 第 8 天：从财务到管理的进阶准备。

◆ 第 9~13 天：做管理决策还需修炼哪些财务报表之外的功夫，如融资、投资、人资、风控、成本控制。

◆ 第 14 天：快速了解行业的思路。

在整个写作过程中，我都遵循了先易后难、环环相扣的认知规律来进行讲解，虽然读者可以根据各自的水平跳章节阅读，但我还是建议最好能够先从前往后循序渐进地浏览完全书，再对着重想研究的章节反复精读。

此外，由于本人是一名在职财会教师，且有多年丰富的财务工作和培训经验，在教学过程中结合实战，自创了游戏法、翻译法、数学推理法 3 种方法，取得了非常卓越的教学效果，作为本人教学智慧的心血结晶，在本书中读者可以借鉴学习。

吕亚熙

2018 年 11 月

目录

C O N T E N T S

管理者
14天轻松看透财报

看懂财务报表其实并不难

如果把公司比作一台赚钱的机器，那么财务报表就像是这台机器的一面镜子，学会看懂财务报表，就是学会从财务报表这面镜子里去观察公司这台机器。

不要把财务报表表面上高深莫测的术语和冷冰冰的数字当成是高墙壁垒；事实上，它们的背后是有血有肉的人和活生生的故事；只要你有一般的生活常识，再稍加一点点的推理，你就能看出个中端倪。

【本章要点】

为什么管理者要学会看财务报表

财务报表，从字面意思上来理解，就是指关于财务信息的报告表格。合格的财务报表从内容到形式，从信息质量到披露时间，都必须遵循财经法规的要求，故而具有很高的参考价值和可靠性。

作为管理者，按照职责要求，应做到合理配置和运用资源，调节和控制风险，提高组织的运作效率，实现企业的预期目标。总的来说，所有的这些，都需要管理者依据可靠的信息做出决策。因此，财务报表就当仁不让地成为管理者最关注的信息来源之一。

然而，财务报表的文字表述和数据排列，既简练，又专业，知识密度很大。对许多管理者来说，财务报表晦涩难懂，心里知道好像应该看，但实际看的时候，却是不知所云。

有的管理者就此放弃，把财务报表放在一边不理；也有的管理者很爱学习，于是去网上查询相关的术语，以为能够解决心中疑惑。然而那些名词解释距离现实总是那么的陌生又遥远，反而是越看越不明白。经过一段时间的努力后，也许能记得几个会计术语，会算一些财务指标，可心里还是没底。

第一，如果把这些指标列个清单，那这张清单看上去似乎没完没了，新的指标层出不穷，没有终结点。

第二，有一些指标算出来说公司状况很好，但也总有一些别的指标表现出来的结果说公司状况很糟，到底该信哪个？

第三，就算指标之间没有矛盾，但管理者好像还是不知道该如何决策才是对的。

于是管理者懵了，看也不是，不看也不是，这可怎么办？

我的答案是：看财务报表对管理者来说很有帮助，但不能瞎看，而应学会用正确的方法来看。

如果把公司比作一台赚钱的机器，那么财务报表就像是这台机器的一面镜子，学会看懂财务报表，就是学会从财务报表这面镜子里去观察公司这台机器。

不要把财务报表表面上高深莫测的术语和冷冰冰的数字当成是高墙壁垒；事实上，它们的背后是有血有肉的人和活生生的故事；只要你有一般的生活常识，再稍加一点点的推理，你就能看出个中端倪。

这也正是本书的主旨。

【提示】财务报表分析的几种常见误区

第一种，不对财务报表做基本的审核，报表错误导致分析结果错误；第二种，对财务指标做脱离实际的错误解读；第三种，分析财务报表时目的不明、内容空泛、观点左右摇摆，对决策无用。

从财报上可以获得哪些信息

作为管理者，每时每刻都需要做决策。如果不能有效地从财务报表中提取信息，那么对他们而言，财务报表就等于是废纸，没有派上应有的用场，这无疑是非常可惜的。

虽说财务指标有成百上千种，但其实它们都是从财务报表中提取基础信息，然后对这些基础信息计算加工而得到的。所以，要想看懂财报，首先要能从财报上提取这些基础信息，如表 1-1 所示。

表 1-1　财报基础信息所在位置表

序号	基础信息	所在位置
一	资产	资产负债表"资产"栏
二	负债	资产负债表"负债"栏
三	所有者权益，又称股东权益或净资产	资产负债表"所有者权益"栏
四	收入	利润表
五	成本费用	利润表
六	利润	利润表
七	企业所得税、税金及附加	利润表
八	现金（货币资金）流入、流出	现金流量表
九	企业注册资本变动	所有者权益变动表
十	利润分配	所有者权益变动表

表 1-1 就是看财报的"行军地图"，你若想了解左边的这些基础信息，就从右边相应的财务报表中去查找即可。

不过，有些完全没有财务基础的管理者，就好像毫无地理知识的初学者，即使面对这样一张"行军地图"，由于看不懂基础信息中的这些财务术语，所以仍然辨不清方向，分不清南北。如果您也是这样，不用太担心，这是很正常的现象。等我们学完全书，再回过头来看这张"行军地图"，这个问题就会轻轻松松迎刃而解了。

财务报表、财务报告与审计报告

我们经常从财务人员口中听到诸如"财务报表"、"财务报告"、"审计报告"等许多与财报相关的名词术语，它们之间有什么关系呢？它们之间的关系如表 1-2 所示。

表 1-2 财务报表、财务报告与审计报告的关系表

		审计意见书	
审计报告	财务报表	资产负债表	财务报告
		利润表（又称损益表）	
		现金流量表	
		所有者权益变动表	
	财务报表附注		

从表 1-2 中可以看出，标准的审计报告由审计意见书、财务报表和财务报表附注三部分组成，而通常财务报告中是不包括审计意见书的。

财务报表和财务报告一般由企业财务部负责出具，而审计意见书则是企业外聘的会计师事务所出具的。

许多中小企业的月报、季报、半年报，往往只出具了资产负债表和利润表，并未编制现金流量表和所有者权益变动表；而财务报告中没有编制财务报表附注的情况，则更为普遍。因此，在实际工作中，常常没有对财务报告和财务报表做严格的区分。

为了考核经营者的业绩，企业所有者常常会在年度终了或一定经营期间结束时，聘请会计师事务所对财务报告做审计。所以，审计报告相对于财务报告或财务报表，一般具有更大的可靠性。

初识财务报表

说了这么多，传说中如数字迷宫一般的财务报表，究竟长什么样呢？我们先来看看财务报表都由哪些部分组成。

　　财务报表看上去似乎很复杂，但都由表头、正表和表尾三部分组成。如图 1-1 所示。

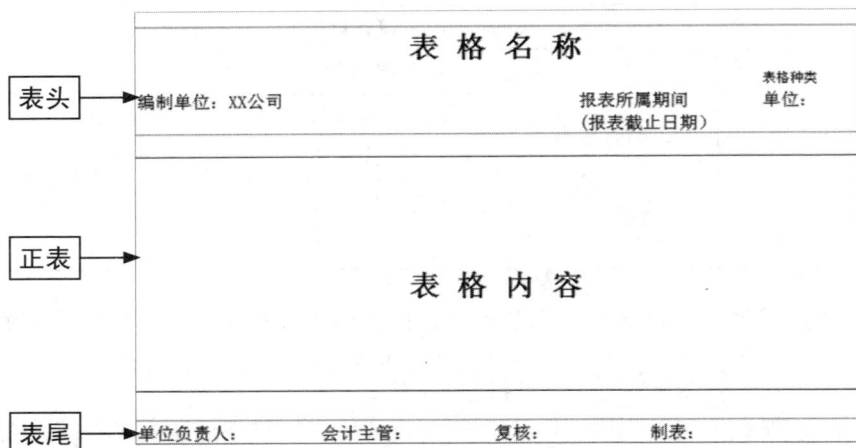

　　表头部分包含表格名称、编制单位信息、报表所属期间（或报表截止日期）、货币单位和表格种类等信息。

　　表尾部分主要是审批信息，由相关人员在报表上签字盖章。

　　表头和表尾之间即为正表部分，是报表的主体。

　　下面我们以魅嘉家具公司为例，先来看看它的利润表，如图 1-2 所示。

　　看它的表头部分，可知该表是由魅嘉家具公司按照企业会计准则中 02 表格式编制的 2017 年 12 月的利润表。

　　看它的正表部分，可知该公司这一时期形成经营成果的各个项目的计算过程，以及最终形成的利润（或亏损）。

　　看它的表尾部分，可知编制和审批此表的相关人员信息。

　　由于表尾不是财报分析的重点，所以在后续的讨论中，我们都略去了表尾部分。

表头
部分

利 润 表

编制单位：魅嘉家具公司　　　　　　　　2017年12月

会企02表
单位：元

项 目	本期金额	本年累计金额
一、营业收入	40776.70	40776.70
减：营业成本	32000.00	32000.00
税金及附加	155.58	155.58
销售费用	3000.00	3000.00
管理费用	20656.00	20656.00
财务费用		
资产减值损失		
加：公允价值变动收益（损失以"-"号填列）		
投资收益（损失以"-"号填列）		
其中：对联营企业和合营企业的投资收益		
资产处置收益（损失以"-"号填列）		
其他收益		
二、营业利润（亏损以"-"号填列）	-15034.88	-15034.88
加：营业外收入	20.17	20.17
减：营业外支出		
三、利润总额（亏损总额以"-"号填列）	-15014.71	-15014.71
减：所得税费用		
四、净利润（净亏损以"-"号填列）	-15014.71	-15014.71
（一）持续经营净利润（净亏损以"-"号填列）	-15014.71	-15014.71
（二）终止经营净利润（净亏损以"-"号填列）		
五、其他综合收益的税后净额：		
（一）以后不能重分类进损益的其他综合收益		
（二）以后将重分类进损益的其他综合收益		
六、综合收益总额		
七、每股收益：		
（一）基本每股收益		
（二）稀释每股收益		

正表
部分

表尾
部分

单位负责人：　　　会计主管：　　　复核：　　　制表：

图 1-2 魅嘉家具公司利润表

看懂财务报表的全貌

老子说："图难于其易"。也就是说，一件看上去很难的事，只要开动脑筋，也是可以找到简易的方法的。财务报表中的项目和数据纷繁复杂，一眼看上去真是觉得很难看懂。

但是，我们可以从它们的结构入手，先看懂全貌，在头脑中搭起框架，然后再去细细地填充，就不会觉得那么难了。

首先我们来看看魅嘉家具公司的资产负债表，如图 1-3 所示。

编制单位：魅嘉家具公司			2017 年 12 月 31 日		单位：元
资产			负债及所有者权益		
项目	期末余额	年初余额	项目	期末余额	年初余额
流动资产：			流动负债：		
货币资金	129524		短期借款		
以公允价值计量且其变动计入当期损益的金融资产			以公允价值计量且其变动计入当期损益的金融负债		
衍生金融资产			衍生金融负债		
应收票据			应付票据		
应收账款			应付账款	32000	
预付款项			预收款项		
应收利息			应付职工薪酬	12000	
应收股利			应交税费	538.71	
其他应收款			应付利息		
存货			应付股利		
持有待售资产			其他应付款		
一年内到期的非流动资产			持有待售负债		
其他流动资产			一年内到期的非流动负债		
流动资产合计	129524		其他流动负债		
非流动资产：			流动负债合计	44538.71	
可供出售金融资产			非流动负债：		
持有至到期投资			长期借款		
长期应收款			应付债券		
长期股权投资			长期应付款		
投资性房地产			专项应付款		
固定资产原值	4800		预计负债		
减：累计折旧	4800		递延收益		
固定资产净值			递延所得税负债		
在建工程			其他非流动负债		
工程物资			非流动负债合计		
固定资产清理			负债合计	44538.71	
生产性生物资产			所有者权益（或股东权益）：		
油气资产			实收资本（或股本）	100000	
无形资产			其他权益工具		
开发支出			资本公积		
商誉			减：库存股		
长期待摊费用			其他综合收益		
递延所得税资产			盈余公积		
其他非流动资产			未分配利润	-15014.71	
非流动资产合计			所有者权益（或股东权益）合计	84985.29	
资产总计	129524		负债及所有者权益总计	129524	

图 1-3　魅嘉家具公司的资产负债表

如上图，我们从正表中看到了一大串的项目，其中包含了大量的术语，虽然每个字都认识，但组合到一起究竟是什么意思呢？恐怕就没几个人能说清了。而实际工作中最让管理者头痛的莫过于此。

别担心，也别头痛，让我们静下心来分析分析这张表。

从左往右看，我们看见左边是"资产"栏，右边是"负债及所有者权益"栏。

从上往下看，我们看见最下边有两个"总计"，一个是"资产总计"，另一个是"负债及所有者权益总计"。再一看数字：资产总计是 129 524 元，负债及所有者权益总计也是 129 524 元，这不正好是相等的嘛！

其实，这两个数字相等并非巧合。如果不相等，那这张报表就有错了。

你想，假如你要办一家公司，那么公司的资产从哪里筹来？

有人说，我就拉着合伙人自掏腰包，要是还不够，我们就再去向别人借。

答对了！

也就是说，公司的资产不是凭空来的，要么是从股东那儿来，要么是负债而来。

所以你看，"资产 = 负债 + 所有者权益"这个等式不就自然成立了吗？

接着，我们再来看看，这张表里面还有没有别的"玄机"。

迅速再浏览一遍，我们又有了新的发现：有些项目后面加了"合计"二字，有些项目则没有。我们把加了"合计"的项目拎出来，做成一张表，看看会不会有什么新发现，如表 1-3 所示。

表 1-3　资产负债表框架表

流动资产合计	流动负债合计
	非流动负债合计
非流动资产合计	负债合计
	所有者权益（或股东权益）合计

如表 1-3，我们把资产负债表的"合计"项目整理出来。再仔细端详一下这些合计项目的排列方式，结合图 1-3 中的数据，我们又有了几个结论。

第一，这张表把流动资产放在非流动资产上面，把流动负债放在非流动负债上面，又把负债放在所有者权益（或股东权益）上面。可以推断，整张资产负债表是按照流动性从大到小的顺序，从上往下排列的。

第二，流动资产合计 + 非流动资产合计 =129 524+4 800−4 800=129 524（元）= 资产总计。

第三，流动负债合计 + 非流动负债合计 =44 538.71+0=44 538.71（元）= 负债合计。

【提示】流动性

流动性是指资产变现的快慢或负债离偿还到期日的远近。流动性越大，则资产变现越快，负债离偿还到期日越近。由于所有者权益是企业资产扣除负债后，由所有者享有的剩余权益，故而它在企业存续期间一般不需要偿还，因此也可认为所有者权益的流动性比负债小。

对于资产负债表，我们现在只要头脑中清晰地形成了如表 1-3 所示的框架就好，不用贪多，否则嚼不烂。而利润表就更加容易理解了，因为它的表格本身就展现了一个多步式的计算过程。我们再来看一看魅嘉家具公司的利润表（为了表述简便起见，略去净利润后面的不常用项目），如图 1-4 所示。

利 润 表

会企02表

编制单位：魅嘉家具公司　　　　2017年12月　　　　单位：元

项　　目	本期金额	本年累计金额
一、营业收入	40776.70	40776.70
减：营业成本	32000.00	32000.00
税金及附加	155.58	155.58
销售费用	3000.00	3000.00
管理费用	20656.00	20656.00
财务费用		
资产减值损失		
加：公允价值变动收益（损失以"-"号填列）		
投资收益（损失以"-"号填列）		
其中：对联营企业和合营企业的投资收益		
资产处置收益（损失以"-"号填列）		
其他收益		
二、营业利润（亏损以"-"号填列）	-15034.88	-15034.88
加：营业外收入	20.17	20.17
减：营业外支出		
三、利润总额（亏损总额以"-"号填列）	-15014.71	-15014.71
减：所得税费用		
四、净利润（净亏损以"-"号填列）	-15014.71	-15014.71

图 1-4　魅嘉家具公司的利润表（部分）

我们即使没学过编制利润表，也可以从上图数据中看出魅嘉家具公司究竟是怎样以营业收入为起点，经过一步步的计算，直到得出净利润（即经营成果）的。

对这个计算过程整理一下，可以得到如下 3 步的计算公式。

第一步：

营业利润 = 营业收入 − 营业成本 − 税金及附加 − 销售费用 − 管理费用 − 财务费用 − 资产减值损失 + 公允价值变动收益 + 投资收益 + 资产处置收益 + 其他收益

= 40 776.70 − 32 000 − 155.58 − 3 000 − 20 656

= − 15 034.88（元）

第二步：

利润总额 = 营业利润 + 营业外收入 − 营业外支出

= − 15 034.88 + 20.17 − 0

= − 15 014.71（元）

第三步：

净利润 = 利润总额 − 所得税费用

= − 15 014.71 − 0

= − 15 014.71（元）

也就是说，魅嘉家具公司 2017 年 12 月亏损了 15 014.71 元。

所以你看，利润表的逻辑也并不难。

如果说利润表的设计采用了多步式，那么现金流量表的设计则采用了并列式与多步式的组合。我们可以把现金流量表提炼成如表 1-4 所示的这样一个框架。

表 1-4　现金流量表框架表

期初现金及现金等价物余额	
经营活动产生的现金流量净额（流入 – 流出）	现金及现金等价物净增加额（总流入 – 总流出）
投资活动产生的现金流量净额（流入 – 流出）	
筹资活动产生的现金流量净额（流入 – 流出）	
期末现金及现金等价物余额	

　　表 1-4 展示了现金流量表的计算公式：现金及现金等价物净增加额 = 经营活动产生的现金流量净额 + 投资活动产生的现金流量净额 + 筹资活动产生的现金流量净额；期末现金及现金等价物余额 = 期初现金及现金等价物余额 + 现金及现金等价物净增加额

　　资产负债表、利润表和现金流量表，统称三大财务报表。根据我国 2007 年 1 月 1 日起施行的《企业会计准则——基本准则》第十章《财务会计报告》第四十四条规定，财务报表（又称会计报表）"至少应当包括资产负债表、利润表、现金流量表等报表"。可见，三大财务报表在整个财务报表体系中占有举足轻重的地位。

看懂财务报表的联系

　　我们知道，如果以不同的视角来观察同一个事物，可以描摹出不同的画像，资产负债表、利润表和现金流量表这三大财务报表，就好像是对同一个企业的不同画像。既然根源是同一个企业，那么，这三大报表之间一定有着某些联系。我们来看看三大报表之间究竟有着怎样的联系。

　　若将期末资产负债表与期初资产负债表的各个项目对应相减，会得到一张差额表。如果再将这张差额表分成左右两边，我们可以把它与本期现金流量表和本期利润表之间的联系简明地表示出来，如图 1-5 所示。

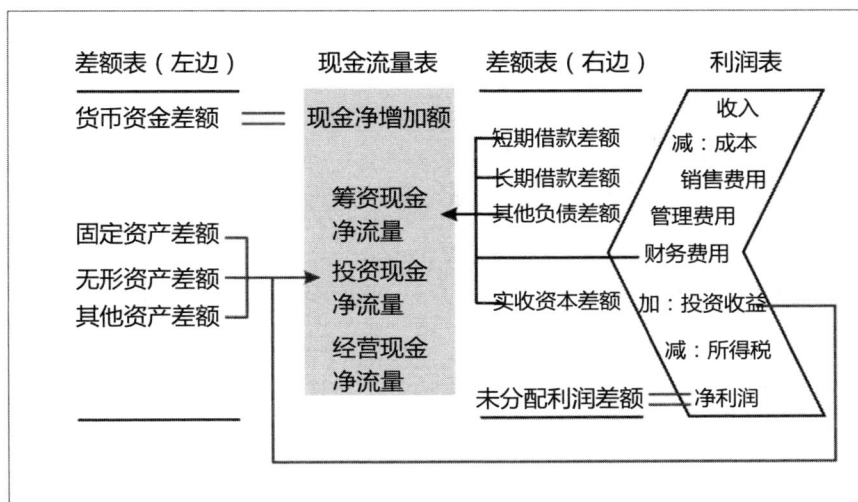

图 1-5　三大报表的联系图

（注：其他资产是指非经营性资产，如：在建工程、短期投资、长期投资等；其他负债是指非经营性负债，如：长期应付款、专项应付款等）

如图 1-5，差额表的左上角即货币资金差额，即等于现金流量表的现金净增加额。差额表的右下角即未分配利润差额，即等于利润表的净利润。不仅如此，我们还可以根据差额表左下角的固定资产差额、无形资产差额和其他资产差额，推导出现金流量表中的投资现金净流量；根据差额表右边的短期借款差额、长期借款差额、其他负债差额、实收资本差额和利润表中的财务费用，推导出现金流量表中的筹资现金净流量。

因为现金流量表中，现金净增加额＝经营现金净流量＋投资现金净流量＋筹资现金净流量，所以经营现金净流量＝现金净增加额－投资现金净流量－筹资现金净流量。

换句话说，只要有期末期初两张资产负债表和本期利润表，我们就能简单推导出本期现金流量表。

许多中小企业只出具了资产负债表和利润表，并未编制现金流量表，这就是因为现金流量表是可根据资产负债表和利润表推算出来的。

下面我们就以魅嘉家具公司为例，根据它的资产负债表和利润表来推算出它的现金流量表。

1. 差额表

根据图 1-3 中所列数据,将魅嘉家具公司 2017 年末资产负债表与 2017 年初资产负债表的各个项目对应相减,得到一张差额表,经整理后如表 1-5 所示。

表 1-5　魅嘉家具公司差额表　　　　　2017 年　　单位:元

项目	差额	项目	差额
货币资金	129 524	应付账款	32 000
		应付职工薪酬	12 000
固定资产原值	4 800	应交税费	538.71
减:累计折旧	4 800	实收资本	100 000
		未分配利润	−15 014.71
资产差额总计	129 524	负债及所有者权益差额总计	129 524

2. 现金净增加额

根据表 1-5 左上角的货币资金差额,可知 2017 年魅嘉家具公司的现金净增加额 =2017 年货币资金差额 =129 524(元)。

3. 筹资现金净流量

根据表 1-5 右边的实收资本差额和图 1-4 利润表中的财务费用金额,可知 2017 年魅嘉家具公司的筹资现金净流量 =100 000−0=100 000(元)。注意,应付账款、应付职工薪酬和应交税费属于经营性负债。

4. 投资现金净流量

根据表 1-5 左边的固定资产原值,可知 2017 年魅嘉家具公司的投资现金净流量 =−4 800(元)。

5. 经营现金净流量

根据以上各步的计算结果,可知 2017 年魅嘉家具公司经营现金净流量 = 现金净增加额 − 筹资现金净流量 − 投资现金净流量 =129 524−100 000−(−4 800)

=34 324（元）。

注意，在计算过程中，一定要分清流入流出的方向。各项活动的现金净流量均指现金流入金额 − 现金流出金额。

经过以上计算，再根据魅嘉家具公司 2017 年期末和 2017 年年初的资产负债表中货币资金的余额，最终我们就可以得到魅嘉家具公司 2017 年的现金流量表，其结构如表 1-6 所示。

表 1-6　魅嘉家具公司现金流量表结构图　　　　2017 年　　单位：元

项目	金额	备注
期初现金及现金等价物余额	0	
经营活动产生的现金流量净额（流入 − 流出）	34 324	现金及现金等价物净增加额（总流入 − 总流出）
投资活动产生的现金流量净额（流入 − 流出）	−4 800	
筹资活动产生的现金流量净额（流入 − 流出）	100 000	
期末现金及现金等价物余额	129 524	

学会财务报表的推算

细心的读者可能会发现，不论是资产负债表，还是利润表，或是现金流量表，它们各自都有 3 个关键点。

资产负债表的 3 个关键点是：资产、负债、所有者权益。

利润表的 3 个关键点是：收入、费用、利润。

现金流量表的 3 个关键点是：经营现金净流量、投资现金净流量、筹资现金净流量。

看问题要抓关键点，那么我们看报表是否可以从这些关键点下手呢？

答案是肯定的。

例如，我们来看资产负债表。

根据期末资产负债表减期初资产负债表所得的差额表中，资产、负债、所有者权益的变动是增还是减，我们可以排列组合出如下 8 种情形。

资产增、负债增、所有者权益增，用"☰"表示。

资产减、负债减、所有者权益减，用"☷"表示。

资产减、负债减、所有者权益增，用"☵"表示。

资产增、负债减、所有者权益减，用"☳"表示。

资产增、负债减、所有者权益增，用"☶"表示。

资产减、负债增、所有者权益减，用"☴"表示。

资产减、负债增、所有者权益增，用"☲"表示。

资产增、负债增、所有者权益减，用"☱"表示。

因为"资产 = 负债 + 所有者权益"是会计恒等式，所以第四种情况，即资产增、负债减、所有者权益减的"☳"型不可能出现。同理，第七种情况，即资产减、负债增、所有者权益增的"☲"型也不可能出现。

于是，我们可以把三者都变动的情形简化为"☰、☷、☵、☶、☴、☱"这六型。

我们这样分型，后面就可以抓住关键点，学会利用资产负债表的变化来看懂企业所处的状况了。

如果与基期相比，差额表为"☰"型，我们可知所有者权益在增加。由于处于经营中的企业，增资减资都很少见，故一般原因是企业在盈利。而负债也在增加，根据会计恒等式可知资产的增加是负债增加与所有者权益增加之和，说明企业正在盈利，并且企业经营层对前景较为乐观，故有增加负债的举动，因此我们称"☰"型为乐观型。

如果与基期相比，差额表为"☷"型，我们可知所有者权益在减少。而负债也在减少，根据会计恒等式可知资产的减少是负债减少与所有者权益减少之和，说明企业正在亏损，债权人正在催债，甚至连股东都可能正在考虑退出，因此我们称"☷"型为退出型。

如果差额表为"☳"型，则所有者权益在增加，但增加的幅度不如负债减少的幅度大，因此二者相抵后资产仍是在减少的。这说明企业经营者在这一时期的经营策略偏向保守，企业盈利时就归还欠款，将风险控制在较低水平。因此我们称"☳"型为保守型。

如果差额表为"☶"型，则所有者权益在增加，且增加的幅度大于负债减少的幅度，因此二者相抵后资产也是在增加的。企业大幅盈利，故照常归还了欠款仍有富余，于是我们称"☶"型为稳健型。

总的来说，"☰"型、"☳"型和"☶"型的企业均处于成长期，都在盈利，只是经营策略不同。

接下来，如果差额表为"☵"型，则所有者权益减少，且减少的幅度大于负债增加的幅度，因此二者相抵后资产也是在减少的。这说明企业已经大幅亏损，虽然借入了款项，却仍难挽颓势。此时非常危险，企业亟待转型扭亏。因此我们称"☵"型为待转型。

如果差额表为"☲"型，就是说所有者权益虽然减少，但减少的幅度小于负债增加的幅度，故而两者相抵后资产仍是在增加的。这类企业在这一时期较为依赖外部输血，自身造血功能不足。下一步就看企业自己能否选对项目，打造出核心竞争力赢得市场。因此我们称"☲"型为潜力型。

总的来说，"☷"型、"☵"型和"☲"型的企业都在衰退期，都在亏损，都缺乏竞争力，只是程度不同。

为了便于大家记住这些结论，请大家看表 1-7。

表 1-7　资产负债表变动差额表基本型示意

基 本 型	表 现	结 论	分 类
"☷" 型	资产减、负债减、所有者权益增	保守型	成长期（盈利）
"☰" 型	资产增、负债增、所有者权益增	乐观型	
"☳" 型	资产增、负债减、所有者权益增	稳健型	
"☴" 型	资产增、负债增、所有者权益减	潜力型	衰退期（亏损）
"☶" 型	资产减、负债增、所有者权益减	待转型	
"☷" 型	资产减、负债减、所有者权益减	退出型	

可能有人会说，如果三者中只有两种要素发生了变动呢？

这个问题其实很简单，例如资产增、负债增、所有者权益不变的情况，我们完全可以把它拆分为 "☰" 和 "☷" 的组合型。表示为 "☰&☷" 型。这样，所有者权益变动被默认为一增一减，和仍然为零。这样，根据前面六型，我们依然可以得出方向性的结论，即企业这一时期虽然尚未形成竞争力，但企业经营者对前景感到乐观，很可能企业处于初创期。

那如果只有一种要素发生了变化呢？

这种情况确实存在，但其实是到了临界点，我们只用考虑变化的那个要素的内部结构即可。

例如，只有资产的内部结构发生了变化，负债和所有者权益都没有变化，这说明企业处在判断投资方向是否正确的临界点，需要做资产更新的决策。

再如，只有负债的内部结构发生了变化，资产和所有者权益都没有变化。这说明企业处在控制融资风险的临界点，需要做借什么债还什么钱的决策。

又如，只有所有者权益的内部结构发生了变化，资产和负债都没有变化。这说明企业处在新旧股东更替的临界点，股东需要做继续加大投资还是退出的选择。

管理者轻松看懂财报有方法

许多管理者并不是财经类专业出身，但是工作中又的确非常需要看懂财务报表。有没有一些方法是不需要系统地学习财务会计知识，就能轻松看懂财报的呢？答案是肯定的。

如果你也是这样的情况，运用本章教给你的方法，会使你事半功倍。如果你是有财务会计基础的，那么本章也能让你有耳目一新、趣味横生的感觉。

财报是怎么来的

财务报表（简称财报），是对企业财务状况、经营成果、现金流量进行总括性表述的、具有一定结构的报告文件。我们先来了解一下实际工作中财报是怎么来的。

以某家具公司为例，这家公司是 2017 年 12 月 01 日成立的，法定代表人是张三，公司在 2017 年 12 月发生了以下业务。

（1）2017 年 12 月 01 日，张三垫付开办费用。

（2）2017 年 12 月 02 日，张三垫付开户费。

（3）2017 年 12 月 02 日，银行扣取开户费。

（4）2017 年 12 月 04 日，张三垫付办公室、仓库租金。

（5）2017 年 12 月 05 日，张三垫付电脑、打印机费用。

（6）2017 年 12 月 06 日，张三垫付电话费、网费。

（7）2017 年 12 月 07 日，张三、李四分别将各自的投资款缴入银行。

（8）2017 年 12 月 08 日，支付税控盘及维护费。

（9）2017 年 12 月 09 日，报销张三垫付的所有费用。

（10）2017 年 12 月 10 日，采购货物，款未付。

（11）2017 年 12 月 20 日，销售货物，款未收。

（12）2017 年 12 月 22 日，收到货款。

在 2017 年 12 月这个周期内，如果我们想编制出这家家具公司的财报，就得先用一定的方法来记录这个月的所有经济业务。像上面这样的记录，明显是不够的，因为它既没有金额，又没有相关人员的签字和原始凭证，并且没有规范的格式，所以一旦记错，很难查找，也不利于分类汇总。于是，会计科目和会计账户就应运而生了。而说到会计科目和会计账户，就不能不提到会计要素。

1. 会计要素

会计要素是对会计对象的基本分类。我国《企业会计准则》将会计要素划分为资产、负债、所有者权益、收入、费用、利润六大类。每一类会计要素下面又都可以进一步细分为不同的会计科目。

2. 会计科目

会计科目是对会计要素具体内容进行分类的项目。

3. 会计账户

会计账户是根据会计科目设置的，具有一定格式和结构，用于反映会计要素增减变动情况及其结果的载体。

我们把借助会计科目和会计账户记录经济业务的方法，称作记账方法。记账方法发展到了现代，已经从单式记账法演变到了复式记账法。

1. 单式记账法

单式记账法是指对每一项经济业务，只在一个会计账户中加以登记的记账方法。由于单式记账法的会计账户之间没有直接联系和相互平衡的关系，故早已被淘汰。

2. 复式记账法

复式记账法是指对每一项经济业务，都必须在两个或两个以上的会计账户中登记的记账方法。复式记账法的会计账户之间具有直接联系和相互平衡的关系，因此能系统地反映会计科目的增减变化。

我们以上面第 3 项经济业务为例，来说明单式记账法与复式记账法的区别，如表 2-1 所示。

表 2-1　单式记账法与复式记账法的区别

摘要	记账方法	会计账户	所涉会计科目
银行扣取开户费（附银行回单记载金额 820 元）	单式记账法	银行存款 −820	银行存款
	复式记账法	管理费用　820 ┃ 银行存款 ┃ 820	管理费用、银行存款

编制财务报表的传统标准程序，是按照证→账→表的顺序进行的。

第一个环节，是根据审核无误的原始凭证填制记账凭证，即将每一项经济业务借助会计科目这种标准的会计语言记录到相关的会计账户中去。

第二个环节，是根据记账凭证登记会计账簿。

第三个环节，是根据会计账簿编制财务报表。

而在电算化飞速发展的今天，编制财务报表的程序已经可以简化为证→账→表，即填制记账凭证之后，直接同步生成会计账簿和财务报表。

游戏法熟悉会计科目

如果把会计比作一门语言，那么会计科目就像是会计语言里面的词汇。当你懂得会计科目的含义时，你就知道在工作和生活中去使用它；当你对会计科目达到能够熟练运用的程度时，距离看懂财务报表就已经不远了。会计科目表就如同词汇表，为了不让会计科目表变成我们看财务报表的拦路虎，我设计了一组小游戏，你可以和你的伙伴们一起玩，在玩的过程中，就可以熟悉这些会计科目和它们所在的位置。

这组游戏分为 3 轮，第一轮游戏的名字叫做"指哪打哪"，游戏道具就是如图 2-1 所示的常用会计科目表。

常用会计科目表

科目编号	会计科目	适应行业
	一、资产类	
1001	库存现金	
1002	银行存款	
1012	其他货币资金	
1101	交易性金融资产	
1121	应收票据	
1122	应收账款	
1123	预付账款	
1131	应收股利	
1132	应收利息	
1221	其他应收款	
1231	坏账准备	
1321	代理业务资产	
1401	材料采购	
1402	在途物资	
1403	原材料	
1404	材料成本差异	
1405	库存商品	
1406	发出商品	
1407	商品进销差价	
1408	委托加工物资	
1411	周转材料	
1471	存货跌价准备	
1501	持有至到期投资	
1502	持有至到期投资减值准备	
1503	可供出售金融资产	
1511	长期股权投资	
1512	长期股权投资减值准备	
1521	投资性房地产	
1531	长期应收款	
1532	未实现融资收益	
1601	固定资产	
1602	累计折旧	
1603	固定资产减值准备	
1604	在建工程	
1605	工程物资	
1606	固定资产清理	
1701	无形资产	
1702	累计摊销	
1703	无形资产减值准备	
1711	商誉	
1801	长期待摊费用	
1811	递延所得税资产	
1901	待处理财产损溢	

流动资产（对应科目编号 1001—1471）

非流动资产（对应科目编号 1501—1901）

图 2-1 常用会计科目表

科目编号	会计科目	适应行业
二、负债类		
2001	短期借款	
2101	交易性金融负债	
2201	应付票据	
2202	应付账款	
2203	预收账款	
2211	应付职工薪酬	
2221	应交税费	
2231	应付利息	
2232	应付股利	
2241	其他应付款	
2314	代理业务负债	
2401	递延收益	
2501	长期借款	
2502	应付债券	
2701	长期应付款	
2702	未确认融资费用	
2711	专项应付款	
2801	预计负债	
2901	递延所得税负债	
三、共同类		
3101	衍生工具	
3201	套期工具	
3202	被套期项目	
四、所有者权益类		
4001	实收资本（或股本）	
4002	资本公积	
4101	盈余公积	
4103	本年利润	
4104	利润分配	
4201	库存股	
5001	生产成本	
5101	制造费用	
5201	劳务成本	
5301	研发支出	
5401	工程施工	建造承包商专用
5402	工程结算	建造承包商专用
5403	机械作业	建造承包商专用
六、损益类		
6001	主营业务收入	
6051	其他业务收入	
6101	公允价值变动损益	
6111	投资收益	
6115	资产处置损益	
6117	其他收益	
6301	营业外收入	
6401	主营业务成本	
6402	其他业务成本	
6403	税金及附加	
6601	销售费用	
6602	管理费用	
6603	财务费用	
6604	勘探费用	
6701	资产减值损失	
6711	营业外支出	
6801	所得税费用	
6901	以前年度损益调整	

流动负债 非流动负债 共同类 所有者权益 狭义成本 收入 广义成本费用

图 2-1　常用会计科目表（续）

如图 2-1 所示，将常用会计科目表分成了流动资产、非流动资产、流动负债、非流动负债、共同类、所有者权益、狭义成本、收入、广义成本费用这九小类。这轮游戏的规则是：

（1）大家每人准备好一支笔，每人一份如图 2-1 所示的常用会计科目表（复印件亦可），以及 100 张左右的卡片（可以使用纸牌、名片或者其他任何卡片）。

（2）需要邀请一位财会专业人士做裁判，其他人做玩家。玩家们围着桌子坐成一圈，每人面前放置一张图 2-1 所示的常用会计科目表；裁判也拿一份在手中，或站或坐在玩家们对面。

（3）计时 3 分钟，每个人（包括裁判）都迅速浏览一遍图 2-1 中的所有会计科目。

（4）游戏正式开始，裁判不按顺序随意说出一个会计科目，玩家们需快速答出这个会计科目所在的小类，并用笔指出其在各自面前图 2-1 中的准确位置；谁最快说对并指正确，裁判就给谁发一张卡。

（5）裁判再换一个会计科目重复步骤 3，持续大约 10 ~ 20 分钟，一直到所有人都能迅速指出所有科目为止。

（6）这轮游戏以得卡最多的玩家为胜出者。

这就是第一轮，"指哪打哪"游戏。它可以帮助玩家们快速熟悉会计科目的名称以及它们各自所在的位置和所属的类别。

第二轮游戏叫做"抽题抢答"。

抽题抢答的游戏道具是最新《会计基础》教程，仍由这位财会专业人士做裁判。

这轮游戏的规则是：

（1）由裁判事先在空白卡片上写上《会计基础》中最重要的 8 ~ 12 个问题，一张卡片只写一个问题，如图 2-2 所示。

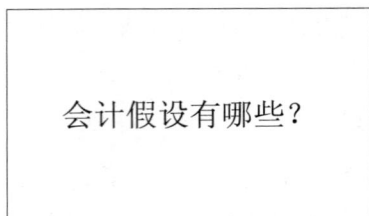

会计假设有哪些？

图 2-2　问题卡

随后再在空白卡片上分别写出问题的答案，一张卡片只写一个答案，如图 2-3 所示。

持续经营

会计分期

会计主体

货币计量

图 2-3　答案卡

接着是第二个问题，如图 2-4 所示。

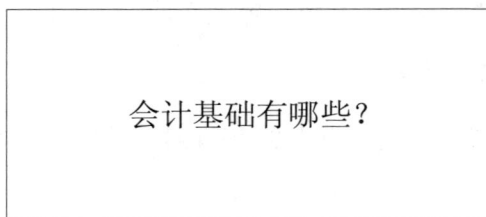

会计基础有哪些？

图 2-4　问题卡

然后分别写出相应的答案卡，如图 2-5 所示。

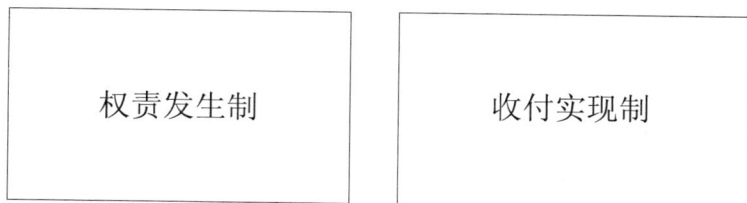

| 权责发生制 | 收付实现制 |

图 2-5 答案卡

以此类推，在此给出一些问题和相应答案，以供参考，如表 2-2 所示。

表 2-2 参考问题及相应答案表

参考问题	相应答案
会计要素有哪些（并请说出会计等式）？	资产、负债、所有者权益、收入、费用、利润
会计计量属性有哪些？	历史成本、公允价值、重置成本、现值、可变现净值
固定资产折旧方法有哪些？	年限平均法、工作量法、年数总和法、双倍余额递减法
期间费用有哪些？	销售费用、管理费用、财务费用
会计科目的定义是什么？	对会计要素具体内容进行分类的项目
会计账户的定义是什么？	根据会计科目设置的，具有一定格式和结构，用于反映会计要素增减变动情况及其结果的载体
会计分录的定义是什么？	对每项经济业务列示出账户名称及其金额的一种记录

假设除裁判外，参与游戏的玩家是 3 位，那么准备 9 个问题即可。如果玩家是 5 位，则准备 10 个问题。如果是 4 位，那就准备 8 个或者 12 个问题。总之，问题数应该刚好是玩家数的 2~3 倍。

（2）裁判写好问题和答案后，将所有的答案卡打乱顺序，同时将问题卡放在一起。然后，其他玩家们围着桌子坐成一圈，由裁判指定第一个抽题的玩家。

（3）游戏正式开始，抽题的玩家一次抽一道题，抽到问题卡后，大声念出题目。抽题人可优先回答问题。如果抽题人放弃答题，则说"开始抢答"，其他玩家开始抢答。如果所有玩家都不会，则由裁判从答案卡中选择正确答案卡和几个错误答案卡，把它们放在一起作为备选答案卡，所有玩家都可从中选择答案卡进行抢答。

抢答正确的玩家，由裁判发给一张空白卡。若无人回答正确，则裁判出示正确的答案卡，大家识记后，继续进行下一个问题的抽题抢答。

（4）假设除裁判外有 3 个玩家，有 9 道题，那么裁判就让每位抽题的玩家总共抽出 3 道题。

（5）第一个抽题的玩家结束后，由裁判按照座位顺序（可以顺时针也可以逆时针）依次确定接下来第二个、第三个……抽题的玩家，重复步骤 3，直到除裁判外其他玩家都抽完题并抢答结束。

（6）这轮游戏以得卡最多的玩家为胜出者。

这一轮游戏结束后，所有玩家要将每个问题和相应答案抄在各自的笔记本上，后面的环节要使用。休息 10 分钟，再开始第三轮游戏。

第三轮游戏叫做"名词解释"。这轮游戏的道具仍是最新《会计基础》教程，以及第二轮"抽题抢答"游戏中用到过的笔记本，但要注意教程和笔记本玩家们都要每人一本，并且仍由这位财会专业人士做裁判。

这轮游戏的规则是：

（1）裁判给玩家们 10 分钟左右的时间，要求玩家们将第二轮"抽题抢答"游戏中所有问题和答案所涉及到的名词，都从教程中找到相应的名词解释，并在笔记本上标出页码。

（2）游戏正式开始，裁判将问题卡和答案卡混在一起打乱顺序，然后随意说出其中一张卡上的名词，玩家们抢答这个名词解释所在的页码，抢答者翻到教程中名词解释的准确位置并大声念出这个名词解释。抢答正确，裁判就给抢答者发一张空白卡；否则换人抢答。

（3）裁判将所有问题卡和答案卡中的名词都说完并且玩家们抢答结束后，这组 3 轮游戏全部结束。清点玩家们得到的空白卡张数，得卡最多者为本组游戏的总冠军。

在会计实账教学的真实案例中，我创造了这组游戏，并已多次应用在小组教学中，效果都非常的好，大家对会计科目和会计基础知识掌握的速度很快甚至超出我的预期，从此会计科目不再是看财务报表的拦路虎，所以我强烈推荐给大家尝试！

会计科目表也可以这样读

生活中，往往可以见到一类人，他们仿佛天生就具备理财的天赋，这种天赋使得他们即使没有受到过正规的财务训练，也能够把握良机，在关键时刻做对决策放大自己的财富。

从这类人身上我们产生一个疑问：具有生活理财常识的人，是不是可以把他在生活中的智慧迁移到企业管理当中去呢？

我认为是可以的。

因为生活理财常识和企业财务，其实在很多方面都具有异曲同工之妙，等待着我们去发掘。

比如曾经让我们伤透脑筋的会计科目表，如果用生活中通俗的语言来举例阐释（简称"翻译法"），那么掌握起来就会比单纯地背诵会计科目表要有趣和容易得多。

下面我们就来看看，如何把会计科目表进行通俗化的解读。如图 2-6 所示（注：本表省略了一些不常见的会计科目，如共同类和成本类会计科目）。

从图 2-6 我们可以看到，大多数企业的会计科目，其实都可以类比到个人会计科目里。虽然严格来讲它们不完全等同，但对于只想看懂财务报表而并不想从头学习会计知识的人来说，这种方法不失为一种既有趣又快速的方法。

企业与个人会计科目对比表

科目编号	企业会计科目	个人会计科目	举 例
	一、资产类		
1001	库存现金	现金	
1002	银行存款	活期存款	
1012	其他货币资金	短期固定收益资产	短期国债、短期定期存款、短期银行保本理财产品
1101	交易性金融资产	短期浮动收益资产	纸黄金、股票、股票型基金、期货
1122	应收账款	应收账款	
1123	预付账款	定金	
1131	应收股利	应收账款	
1132	应收利息	应收利息	
1221	其他应收款	应收账款	
1231	坏账准备	坏账准备	
1403	原材料	衣食	
1405	库存商品	衣食	
1471	存货跌价准备	存货跌价准备	
1501	持有至到期投资	持有至到期投资	长期国债、长期定期存款、长期银行理财产品
1502	持有至到期投资减值准备	持有至到期投资减值准备	
1503	可供出售金融资产	长期浮动收益资产	纸黄金、股票、股票型基金
1511	长期股权投资	股权投资	
1512	长期股权投资减值准备	股权投资减值准备	
1521	投资性房地产	持有以备增值有形资产	房地产、黄金珠宝首饰、投资性艺术品
1531	长期应收款	应收账款	
1601	固定资产	固定资产	汽车
1602	累计折旧	折旧	
1603	固定资产减值准备	固定资产减值准备	
1606	固定资产清理	固定资产清理	
1701	无形资产	无形资产	专利权、代理权、版权
1702	累计摊销	累计摊销	
1703	无形资产减值准备	无形资产减值准备	
1801	长期待摊费用	装修费	
	二、负债类		
2001	短期借款	短期贷款	短期购车贷款、短期家装贷款
2202	应付账款	应付账款	
2203	预收账款	押金	
2211	应付职工薪酬	应付住家费	应付物业费、应付保姆费、应付保洁费、应付管家费
2221	应交税费	应交税费	
2231	应付利息	应付利息	
2241	其他应付款	应付公共管理费	应付水、电、气、物管、垃圾费
2501	长期借款	长期贷款	房地产贷款
2701	长期应付款	应付账款	
2711	专项应付款	专项应付款	保险费用专项款
	四、所有者权益类 （净资产）		
4001	实收资本（或股本）	结婚时夫妻共同财产	
4002	资本公积	结婚时夫妻共同财产溢价	
4101	盈余公积	子女教育资金	
4103	本年利润	本年储蓄	
4104	利润分配	储蓄分配	
	六、损益类		
6001	主营业务收入	稳定收入	
6051	其他业务收入	子女孝敬收入	
6101	公允价值变动损益	短期浮动损益	纸黄金、股票、股票型基金、期货短期损益
6111	投资收益	长期浮动损益	纸黄金、股票、股票型基金长期损益
6115	资产处置损益	资产处置损益	
6301	营业外收入	不稳定收入	
6401	主营业务成本	家庭保障支出	家庭生存支出、知识技能学习支出、健身支出
6402	其他业务成本	子女教育支出	
6403	税金及附加	非所得税税金支出	印花税、契税
6601	销售费用	招待他人支出	
6602	管理费用	家庭建设支出	
6603	财务费用	贷款利息支出	
6701	资产减值损失	资产减值损失	
6711	营业外支出	保险费支出	
6801	所得税费用	个人所得税支出	

图 2-6　企业与个人会计科目对比表

【案例分析】——魅嘉家具公司财务报表分析

仍以魅嘉家具公司为例，如果我们想要解读这个企业的财务报表（见图1-3和图1-4），当我们手中拿着如图2-6这样的一份企业与个人会计科目对比表时，我们就可以从中查找出相对应的个人会计科目及举例情况，然后把它翻译成如图2-7所示的个人财务报表。

个人财务状况报表

编制人：张魅嘉　　　　　　　　2017年12月31日　单位：元

资产		负债及净资产	
项　目	期末余额	项　目	期末余额
资产：		负债：	
活期存款	129 524.00		
		应付账款	32 000.00
		应付住家费	12 000.00
		应交税费	538.71
		负债合计	44 538.71
		净资产：	
汽车原价	4 800.00	结婚时夫妻共同财产	100 000.00
汽车折旧	4 800.00	累计储蓄	-15 014.71
		净资产合计	84 985.29
资产总计	129 524.00	负债及净资产总计	129 524.00

个人收支储蓄报表

编制人：张魅嘉　　　　　2017年　　　　　单位：元

项　目	本年累计金额
一、稳定收入	40 776.70
减：家庭保障支出	32 000.00
非所得税税金支出	155.58
招待他人支出	3 000.00
家庭建设支出	20 656.00
贷款利息支出	
资产减值损失	
加：短期浮动收益（损失以"-"号填列）	
长期浮动收益（损失以"-"号填列）	
资产处置收益（损失以"-"号填列）	
二、一般储蓄（亏损以"-"填列）	-15 034.88
加：不稳定收入	20.17
减：保险费支出	
三、储蓄总额（亏损总额以"-"填列）	-15 014.71
减：个人所得税支出	
四、净储蓄（净亏损以"-"填列）	-15 014.71

图2-7　个人财务报表

如图2-7所示，我们已经将魅嘉家具公司的财务报表翻译成了"张魅嘉"

的个人财务报表，这样一来，我们就可以利用生活理财常识，对这张报表进行分析了。

我们先来看下方的个人收支储蓄报表。

从表头我们知道这是一张 2017 年度张魅嘉的个人收支储蓄报表。张魅嘉该年度稳定收入为 40 776.70 元，减去家庭保障支出 32 000 元、非所得税税金支出 155.58 元、招待他人支出 3 000 元、家庭建设支出 20 656 元，由于没有贷款，没有购买浮动收益资产，也没有变卖资产和资产减值，故其该年度一般储蓄为 −15 034.88 元。再加上不稳定收入 20.17 元，由于没有购买保险，故储蓄总额为 −15 014.71 元。未交个人所得税，所以最终的净储蓄就是 −15014.71 元。

这时我们再看上方的个人财务状况报表。在它的右下角，我们可以看到，由于结婚时夫妻共同财产是 100 000 元，净储蓄为 −15014.71 元，也就是说张魅嘉辛苦这一年赚到的钱还不够养家糊口，还在吃老本，净资产从结婚时的 100 000 元减少 15 014.71 元，到 2017 年底只剩 84 985.29 元了。

不仅如此，我们再看看个人财务状况报表的右上角，还有应付账款（即欠别人的钱）32 000 元，应付住家费（还可能欠物业费、保姆费、保洁费、管家费之类的归属于住家费的钱）12 000 元，除此之外，张魅嘉还欠税费 538.71 元。所有的负债，加起来是 44 538.71 元。看到这里，我们可能对张魅嘉这个人就产生了一个初步印象，这个人的赚钱能力和财务状况看样子都不太好，入不敷出，还有外债。

那么张魅嘉有没有什么资产呢？

我们再往个人财务状况报表左边看，张魅嘉的全部家当就是活期存款 129 524 元和一辆原价 4 800 元、现在已经旧得不行了的汽车（估计是二手车）。看来，张魅嘉目前还没有什么赚钱的好途径，所以只好把钱放在活期存款里。不过呢，张魅嘉的资金暂时还是能够周转过来的。

到目前为止，我们就会发现，从张魅嘉的个人财务报表上来看，张魅嘉眼下的头等大事，就是得赶紧扭亏为盈，提升赚钱能力，把有限的资源用在刀刃上，毕竟，人都是要向好的方向发展的。

有了前面的铺垫，反过来我们再来看魅嘉家具公司，就一定会有"不过如此"的感觉。

翻译法阅读商业故事

魅嘉家具公司还只是一个刚开始创业的小公司，那假如是一个大公司的财务报表，是否也能通过"翻译法"来解读呢？我认为是可以的。虽然企业中有一些会计科目在个人会计科目里难以找到相似的、能够用来类比的会计科目，但是我们仍然可以通过减并调整，抓住重点，来一窥端倪。

下面我们就来看一个案例，尝试使用我们刚刚学的"翻译法"来分析一下，看看能够得到什么样的结论。

【案例分析】——美衣坊服装有限公司财务报表分析

美衣坊服装有限公司是服装行业的一个大公司。经过我的调整减并，它在 2017 年的利润表和资产负债表如图 2-8 所示。

利 润 表

编制单位：美衣坊服装有限公司　　　　　　2017年

会企02表
单位：万元

项　目	本年累计金额
一、营业收入	1 699 959
减：营业成本	1 037 137
税金及附加	13 287
销售费用	142 295
管理费用	97 330
财务费用	- 12 091
资产减值损失	18 796
加：公允价值变动收益（损失以"-"号填列）	11
投资收益（损失以"-"号填列）	4 025
其中：对联营企业和合营企业的投资收益	
资产处置收益（损失以"-"号填列）	
其他收益	
二、营业利润（亏损以"-"号填列）	407 241
加：营业外收入	4 159
减：营业外支出	853
三、利润总额（亏损总额以"-"号填列）	410 547
减：所得税费用	98 234
四、净利润（净亏损以"-"号填列）	312 313

图 2-8　美衣坊服装有限公司财务报表

资 产 负 债 表

会企01表

编制单位：美衣坊服装有限公司   2017 年 12 月 31 日 单位：万元

资产		负债及所有者权益	
项目	期末余额	项目	期末余额
流动资产：		流动负债：	
货币资金	885 842	短期借款	
以公允价值计量且其变动计入当期损益的金融资产	509	以公允价值计量且其变动计入当期损益的金融负债	
衍生金融资产		衍生金融负债	
应收票据		应付票据	
应收账款	71 792	应付账款	937 529
预付款项	50 581	预收款项	95 540
应收利息		应付职工薪酬	58 903
应收股利		应交税费	115 826
其他应收款		应付利息	
存 货	866 589	应付股利	
持有待售资产		其他应付款	3 830
一年内到期的非流动资产		持有待售负债	
其他流动资产		一年内到期的非流动负债	
流动资产合计	1 875 313	其他流动负债	
非流动资产：		流动负债合计	
可供出售金融资产	16 275	非流动负债：	
持有至到期投资		长期借款	215 148
长期应收款		应付债券	
长期股权投资		长期应付款	
投资性房地产	77 360	专项应付款	
固定资产原值		预计负债	
减：累计折旧		递延收益	
固定资产净值	372 691	递延所得税负债	
在建工程		其他非流动负债	
工程物资		非流动负债合计	
固定资产清理		负债合计	1 426 776
生产性生物资产		所有者权益（或股东权益）：	
油气资产		实收资本（或股本）	116 812
无形资产	45 043	其他权益工具	
开发支出		资本公积	201 740
商誉		减：库存股	
长期待摊费用	50 998	其他综合收益	
递延所得税资产		盈余公积	96 594
其他非流动资产		未分配利润	595 758
非流动资产合计	562 367	所有者权益（或股东权益）合计	1 010 904
资 产 总 计	2 437 680	负债及所有者权益总计	2 437 680

图 2-8　美衣坊服装有限公司财务报表（续）

如图 2-8 所示是美衣坊服装有限公司的财务报表。我们将它翻译成个人财务报表，为了更接近于生活，假设将报表金额按照 10 000:1 等比例缩小，即将货币单位从"万元"改为"元"，同时将"编制单位：美衣坊服装有限公司"假定为"编制人：方美衣"，可得到如图 2-9 所示的个人财务报表。

个人财务状况报表

编制人：方美衣　　　　　　　　　　2017年12月31日　单位：元

资产		负债及净资产	
项　目	期末余额	项　目	期末余额
资产：		负债：	
活期存款	885 842	应付账款	937 529
短期浮动收益资产	509	押金	95 540
应收账款	71 792	应付住家费	58 903
定金	50 581	应交税费	115 826
衣食	866 589	应付公共管理费	3 830
		长期贷款	215 148
长期浮动收益资产	16 275		
持有以备增值有形资产	77 360	负债合计	1 426 776
		净资产：	
		结婚时夫妻共同财产	116 812
汽车净值	372 691	结婚时夫妻共同财产溢价	201 740
无形资产	45 043	子女教育资金	96 594
		累计储蓄	595 758
装修费	50 998	净资产合计	1 010 904
资产总计	2 437 680	负债及净资产总计	2 437 680

个人收支储蓄报表

编制人：方美衣　　　　　2017年　　　　　单位：元

项　目	本年累计金额
一、稳定收入	1 699 959
减：家庭保障支出	1 037 137
非所得税税金支出	13 287
招待他人支出	142 295
家庭建设支出	97 330
贷款利息支出	- 12 091
资产减值损失	18 796
加：短期浮动收益（损失以"-"号填列）	11
长期浮动收益（损失以"-"号填列）	4 025
资产处置收益（损失以"-"号填列）	
二、一般储蓄（亏损以"-"填列）	407 241
加：不稳定收入	4 159
减：保险费支出	853
三、储蓄总额（亏损总额以"-"填列）	410 547
减：个人所得税支出	98 234
四、净储蓄（净亏损以"-"填列）	312 313

图 2-9　方美衣个人财务报表

我们来分析一下"方美衣"的个人财务报表。

首先，我们先看图 2-9 下图的个人收支储蓄报表。方美衣 2017 年度稳定收入为 1 699 959 元，减去家庭保障支出 1 037 137 元、非所得税税金支出 13 287 元、招待他人支出 142 295 元、家庭建设支出 97 330 元，资产减值损失 18 796 元，再加上贷款利息收入（贷款利息支出负数即视为贷款利息收入）12 091 元，再加上短期浮动收益 11 元、长期浮动收益 4 025 元，由于没有变卖资产，故得出其该年度一般储蓄为 407 241 元。再加上不稳定收入 4 159 元，减去保险费支出 853 元，故储蓄总额为 410 547 元。交了个人所得税 98 234 元，所以最终的净储蓄就是 312 313 元。

再来看图 2-9 上图的个人财务状况表。同样，先看它右下角的净资产情况，可以发现方美衣结婚时夫妻共同财产也只有 116 812 元，跟张魅嘉差不多。但方美衣结婚时夫妻共同财产溢价就有 201 740 元，还为子女教育资金准备了 96 594 元。除此以外结婚以来累计储蓄 595 758 元。把所有这些加总起来，便可得到净资产为 1 010 904 元。

看到这里，已经心中有了底，同样是 10 万元左右的起步资金，方美衣经过数年历练已走上赚钱轨道，小有成就，而张魅嘉尚处在起步阶段，还养不了家。

我们接着再看看个人财务状况报表的右上角，有应付账款 937 529 元，押金 95 540 元，应付住家费 58 903 元，应交税费 115 826 元，应付公共管理费（例如水、电、气、物管、垃圾费等）3 830 元。另外，还欠长期贷款（例如房贷）215 148 元。负债合计是 1 426 776 元。

然后再看看资产。我们往个人财务状况报表的左边看，感觉方美衣的资产看上去可以说是琳琅满目。活期存款 885 842 元，短期浮动收益资产 509 元，应收账款 71 792 元，定金 50 581 元，衣食 866 589 元，长期浮动收益资产 16 275 元，持有以备增值有形资产（例如房地产、黄金珠宝首饰、投资性艺术品等）77 360 元，汽车除去折旧后的净值为 372 691 元，无形资产（例如专利权、代理权、版权等）45 043 元，装修费 50 998 元。仔细推敲，这些资产的配比算是很不错的——从头到脚都是典型的都市金领美女做派，该大的大，该小的小。

经过以上一番分析，总体来说我们脑海里就形成了对"方美衣"和"张魅嘉"这两个虚构人物的直观印象，可以帮助我们对美衣坊服装有限公司和魅嘉家具公司的财务状况和经营成果有一个基本的判断。

数学方法推演出千般变化

翻译法可以认为是一种语文方法，直观易懂，令人印象深刻。

既然有语文方法，那么是否有数学方法？数学方法相较于语文方法，会不会在逻辑上更为严密，更适合于不喜欢记忆而更喜欢推理的人呢？

我认为这是个有趣的好问题。

逻辑的起点，就从会计基本恒等式，即第一恒等式"资产 = 负债 + 所有者权益"开始。

首先，我们从只有一种会计要素发生变化开始讨论。

1. 只有资产内部结构发生变化

资产可分为一般流动资产、一年内到期的非流动资产以及非流动资产，其中一般流动资产即为"流动资产"减去"一年内到期的非流动资产"的差额。

根据期末资产负债表减期初资产负债表所得的差额表中，一般流动资产、一年内到期的非流动资产、非流动资产的变动是增还是减，我们可以排列组合出如下 8 种情形。

一般流动资产增、一年内到期的非流动资产增、非流动资产增，用"☰"表示。

一般流动资产减、一年内到期的非流动资产减、非流动资产减，用"☷"表示。

一般流动资产减、一年内到期的非流动资产减、非流动资产增，用"☳"表示。

一般流动资产增、一年内到期的非流动资产减、非流动资产减，用"☶"

表示。

一般流动资产增、一年内到期的非流动资产减、非流动资产增，用"☲"表示。

一般流动资产减、一年内到期的非流动资产增、非流动资产减，用"☵"表示。

一般流动资产减、一年内到期的非流动资产增、非流动资产增，用"☳"表示。

一般流动资产增、一年内到期的非流动资产增、非流动资产减，用"☴"表示。

由于资产＝一般流动资产＋一年内到期的非流动资产＋非流动资产，而负债和所有者权益都未发生变化，所以资产总额也不变，只是资产的内部结构发生了变化，那么第一种情况，即一般流动资产增、一年内到期的非流动资产增、非流动资产增的"☰"型以及第二种情况，即一般流动资产减、一年内到期的非流动资产减、非流动资产减的"☷"型都不存在。故可将资产内部结构变动的情形简化为"☶、☷、☲、☵、☳、☴"这六型。

如果与基期相比，差额表为资产"☷"型，也就是说企业将一般流动资产和一年内到期的非流动资产投资在了非流动资产上，流动性显著降低。

如果与基期相比，差额表为资产"☷"型，那就是说企业将非流动资产和一年内到期的非流动资产变成了一般流动资产，流动性显著提高。

如果差额表为资产"☳"型，就是把一年内到期的非流动资产兵分两路，一部分变成了一般流动资产，一部分投资了非流动资产，流动性变化不明显。

如果差额表为资产"☴"型，那是企业将一般流动资产和非流动资产变成了一年内到期的非流动资产。现实中常见的路径，其实是一般流动资产先投资了非流动资产，然后非流动资产中的一部分因距到期日不到一年而被调至了一年内到期的非流动资产，流动性变化不明显。

如果差额表为资产"☲"型，就是用一般流动资产投资了非流动资产，同时非流动资产中的一小部分因距到期日不到一年而被调至了一年内到期的非流动资产，流动性有所降低。

如果差额表为资产"☳"型，则是企业将一部分非流动资产调至了一年内到期的非流动资产，一部分非流动资产变成了一般流动资产，流动性有所提高。

只有资产内部结构发生变化的这 6 种资产型，由于所有者权益都未发生变化，所以不亏不盈，按照流动性提高还是降低进行整理，如表 2-3 所示。

表 2-3　资产负债表变动差额表资产型示意

资 产 型	变　　化	效果
资产"☷"型	将非流动资产和一年内到期的非流动资产变成了一般流动资产	流动性显著提高
资产"☳"型	将一部分非流动资产调至了一年内到期的非流动资产，一部分非流动资产变成了一般流动资产	流动性有所提高
资产"☵"型	把一年内到期的非流动资产一部分变成了一般流动资产，一部分投资了非流动资产	流动性变化不明显
资产"☲"型	将一般流动资产和非流动资产变成了一年内到期的非流动资产	流动性变化不明显
资产"☴"型	用一般流动资产投资了非流动资产，同时非流动资产中的一小部分因距到期日不到一年而被调至了一年内到期的非流动资产	流动性有所降低
资产"☶"型	将一般流动资产和一年内到期的非流动资产投资在了非流动资产上	流动性显著降低

2. 只有负债内部结构发生变化

同理，只有负债内部结构发生变化的这 6 种负债型，由于所有者权益都未发生变化，所以不亏不盈，按照流动性提高还是降低（对于负债来说也就是到期日提前还是推后）进行整理，如表 2-4 所示。

表 2-4　资产负债表变动差额表负债型示意

负 债 型	变　　化	效果
负债"☷"型	将非流动负债和一年内到期的非流动负债变成了一般流动负债	到期日显著提前
负债"☳"型	将一部分非流动负债调至了一年内到期的非流动负债，一部分非流动负债变成了一般流动负债	到期日有所提前

续表

负 债 型	变 化	效 果
负债"☶"型	把一年内到期的非流动负债一部分变成了一般流动负债,一部分变成了非流动负债	前者到期日不变或提前,后者到期日推后
负债"☳"型	将一般流动负债和非流动负债变成了一年内到期的非流动负债	前者到期日推后,后者到期日不变或提前
负债"☵"型	用一般流动负债变成了非流动负债,同时非流动负债中的一小部分因距到期日不到一年而被调到了一年内到期的非流动负债	到期日有所推后
负债"☷"型	将一般流动负债和一年内到期的非流动负债变成了非流动负债	到期日显著推后

3. 只有所有者权益内部结构发生变化

所有者权益可分为"资本与资本公积"、"盈余公积"、"未分配利润"这三部分。对于只有所有者权益内部结构发生变化的所有者权益型,根据期末资产负债表减期初资产负债表所得的差额表中,资本与资本公积、盈余公积、未分配利润的变动是增还是减,我们又可以列出如表 2-5 所示的表格。

表 2-5　资产负债表变动差额表所有者权益型示意

负 债 型	原 因	效 果
所有者权益"☶"型	注册资本增加或溢价,企业用盈余公积转增资本、弥补亏损	资本与资本公积增加,盈余公积减少,未分配利润减少
所有者权益"☳"型	注册资本增加或溢价,企业用盈余公积转增资本、弥补亏损	资本与资本公积增加,盈余公积减少,未分配利润增加
所有者权益"☵"型	注册资本增加或溢价,企业从一部分税后利润中提取盈余公积	资本与资本公积增加,盈余公积增加,未分配利润减少
所有者权益"☷"型	注册资本减少或折价,企业从一部分税后利润中提取盈余公积	资本与资本公积减少,盈余公积增加,未分配利润减少
所有者权益"☴"型	注册资本减少或折价,企业从一部分税后利润中提取盈余公积	资本与资本公积减少,盈余公积增加,未分配利润增加
所有者权益"☲"型	注册资本减少或折价,企业用盈余公积弥补亏损	资本与资本公积减少,盈余公积减少,未分配利润增加

综上所述,当会计第一恒等式中只有一种会计要素发生变化时,我们就可以推演出 18 种情况。如果会计第一恒等式中,有且仅有两种会计要素发生变化,我们又能够怎样推演呢?

例如资产增、负债增、所有者权益不变的情况，我们完全可以把它拆分为基本型"☰"和基本型"☷"的组合型，表示为"☰&☷"型。同理，我们可以列出如表 2-6 所示的表格。

表 2-6　资产负债表变动差额表组合型示意

组 合 型	含　　义	结　　论	所处时期
"☰&☷" 型	资产、负债等额增加，所有者权益不变	乐观潜力型	初创期
"☰&☷" 型	资产、所有者权益等额增加，负债不变	乐观稳健型	成长期
"☰&☷" 型	负债、所有者权益此消彼长，资产不变	保守稳健型	成熟期
"☰&☷" 型	负债、所有者权益此长彼消，资产不变	潜力待转型	转型期
"☰&☷" 型	资产、负债等额减少，所有者权益不变	保守退出型	收缩期
"☰&☷" 型	资产、所有者权益等额减少，负债不变	待转退出型	衰退期

当然，最常见的情况是资产、负债、所有者权益三者都在发生变化。关于会计第一恒等式中 3 个会计要素都发生变化的情况的推演结果，如表 1-7 所示，此处不再赘述。

总之，教了你这么多种方法，当你再拿起财务报表时，你已经完全可以轻松地建立起对它的第一印象。

管理者
14天轻松看透财报

3

读懂资产负债表
才能诊断公司的经营状况

资产负债表反映了一个公司的家底，可以说资产负债表是"财务报表之母"，它在财务报表体系中占有举足轻重的地位。

资产负债表的格式千变万化，现行的《小企业会计准则》和《企业会计准则》对资产负债表至少必须列明的项目提出了不同的要求。

本章将从企业对财务制度的选择开始，教你看懂资产负债表。

【本章要点】

企业应当选择什么财务制度

资产负债表可以说是财务报表之母，因为资产负债表反映了一个公司的家底。

"万丈高楼平地起"，任何一个公司都是从无到有地发展起来的，公司注册、发展、衰退、注销，这就像人的一生。从婴儿呱呱坠地开始，成长、衰老、死亡。

家底厚实、决策得当，不论对公司还是对个人，一般来说都比家徒四壁、决策失当要来得更为有利。

在正式讲资产负债表之前，我希望帮助大家理解一个问题：企业究竟应当选择何种财务制度比较好？

我们知道，现行的适用于企业的财务制度是《企业会计准则》和《小企业会计准则》。根据规定，《企业会计准则》适用于所有在中华人民共和国境内设立的企业（包括公司，下同）。而《小企业会计准则》适用于在中华人民共和国境内设立的一般小型企业（以下称"小企业"）。

这里的"一般小型企业"，是指除了以下 3 类小企业之外的小企业。

第一类，是公开发行股票或者公开发行债券的小企业，这类企业往往是上市公司。

第二类，是金融小企业。

第三类，是企业集团内的母公司和子公司。

也就是说，这 3 类小企业不能执行《小企业会计准则》，而必须执行《企业会计准则》。

从字面意义上看，很多人就觉得选择执行《企业会计准则》似乎是比较保险的，因为它适用于所有企业。

但是在实际工作中，你会发现，选择执行《小企业会计准则》的企业占大多数。

这是为什么呢？

通过比较这两个准则可以知道，《小企业会计准则》虽然只有 66 个会计科目，比《企业会计准则》的 162 个会计科目减少了一半以上，删去了共同类，但是它基本涵盖了小企业日常经营活动过程中的所有经济业务。

与此同时，在会计核算内容上，《小企业会计准则》更简化，更接近税法的要求，需要会计人员做职业判断的不确定性大大减少了。而且，《小企业会计准则》与《企业会计准则》在会计处理上具有一致性，总体来说是一脉相承的。

所以对于广大的一般中小企业来说，《小企业会计准则》更具有可操作性。

从另一方面来说，一般的企业都是从微型企业和小型企业发展壮大而来的，所以一般小企业都选择执行《小企业会计准则》。

虽然《中小企业划型标准规定》中，对于中型企业和小型企业以及微型企业都有着明确的划分，但是在实际工作中，即使小企业发展到了中型企业甚至大型企业的规模，也仍延续执行《小企业会计准则》的情况也很常见。

并且根据规定，选择执行《小企业会计准则》的企业，对于未尽事宜，可以参照《企业会计准则》的相关规定进行处理，必要时可以转为执行《企业会计准则》。

然而选择执行《企业会计准则》的企业却不能选择执行《小企业会计准则》的相关规定，也不得转为执行《小企业会计准则》。

所以，就产生了许多企业都选择执行《小企业会计准则》的现象。

因此，本书的介绍也以《小企业会计准则》为主，以《企业会计准则》为辅。

资产负债表的格式

资产负债表有许多不同的格式，因为不论是按照《小企业会计准则》，还是按照《企业会计准则》，都只是规定了至少应当单独列示的项目，但对报表的格式并没有强制要求，所以实际工作中我们见过的资产负债表五花八门，并不都是一模一样的。下面我以常见的资产负债表格式为例来进行说明。

小企业会计准则资产负债表参考格式如图 3-1 所示。

资产负债表

会小企01表

编制单位：　　　　　　　　　　　　　　　　　年　月　日　　　　　　　　　　　单位：元

资产	行次	期末余额	年初余额	负债和所有者权益	行次	期末余额	年初余额
流动资产：				流动负债：			
货币资金	1			短期借款	31		
短期投资	2			应付票据	32		
应收票据	3			应付账款	33		
应收账款	4			预收账款	34		
预付账款	5			应付职工薪酬	35		
应收股利	6			应交税费	36		
应收利息	7			应付利息	37		
其他应收款	8			应付利润	38		
存货	9			其他应付款	39		
其中：原材料	10			其他流动负债	40		
在产品	11			流动负债合计	41		
库存商品	12			非流动负债：			
周转材料	13			长期借款	42		
其他流动资产	14			长期应付款	43		
流动资产合计	15			递延收益	44		
非流动资产：				其他非流动负债	45		
长期债权投资	16			非流动负债合计	46		
长期股权投资	17			负债合计	47		
固定资产原价	18						
减：累计折旧	19						
固定资产账面价值	20						
在建工程	21						
工程物资	22						
固定资产清理	23						
生产性生物资产	24			所有者权益（或股东权益）：			
无形资产	25			实收资本（或股本）	48		
开发支出	26			资本公积	49		
长期待摊费用	27			盈余公积	50		
其他非流动资产	28			未分配利润	51		
非流动资产合计	29			所有者权益（或股东权益）合计	52		
资产总计	30			负债及所有者权益（或股东权益）总计	53		

图 3-1 小企业会计准则资产负债表参考格式

　　先看左边，根据《小企业会计准则》第八十条的规定，资产负债表中的资产类至少应当单独列示反映货币资金、应收及预付款项（包括应收票据、应收账款、应收股利、应收利息、其他应收款和预付账款）、存货、长期债券（权）投资、长期股权投资、固定资产、生产性生物资产、无形资产和长期待摊费用等项目。

　　可以看到，图 3-1 中不仅单独列明了按照以上规定至少应当单独列示的项目，还列示了短期投资，又将存货中的某些项目也提出来做了列示，同时，将与固定资产有关的固定资产原价、累计折旧、固定资产账面价值、在建工程、工程物资和固定资产清理分别做了列示，并且将与无形资产有关的、尚未满足无形资产确认条件的开发支出单独做了列示。

　　在实际工作中，有些企业有可能不会将存货中的这些具体项目提出来列示，而是统一只放在"存货"项目中；也有可能列示的具体项目不一定和图 3-1 中完全一样，因为存货的具体项目很多，包括原材料、在产品、半成品、产成品、库存商品、周转材料、委托加工物资、消耗性生物资产等，企业账簿中有更详细的记载，因此为了简明起见，这些做法都是可以的。

　　再看右边，根据《小企业会计准则》第八十条的规定，资产负债表中的负债类至少应当单独列示反映短期借款、应付及预收款项（包括应付票据、应付账款、应付利润、其他应付款、预收账款等）、应付职工薪酬、应交税费、应付利息、长期借款、长期应付款等项目。

　　可以看到，图 3-1 中不仅单独列明了按照以上规定至少应当单独列示的项目，还列示了递延收益。

　　再往下看，根据《小企业会计准则》第八十条的规定，资产负债表中的所有者权益类至少应当单独列示反映实收资本、资本公积、盈余公积、未分配利润等项目。这和图 3-1 是完全一致的。

　　我们再来看看企业会计准则的一般企业资产负债表参考格式，如图 3-2 所示。

<table>
<tr><td colspan="9" align="center">资产负债表</td></tr>
<tr><td colspan="9" align="right">会企 01 表</td></tr>
<tr><td colspan="3">编制单位：</td><td colspan="3" align="center">年　月　日</td><td colspan="3" align="right">单位：元</td></tr>
<tr><td>资产</td><td>期末余额</td><td>年初余额</td><td colspan="4">负债和所有者权益（或股东权益）</td><td>期末余额</td><td>年初余额</td></tr>
<tr><td>流动资产：</td><td></td><td></td><td colspan="4">流动负债：</td><td></td><td></td></tr>
<tr><td>货币资金</td><td></td><td></td><td colspan="4">短期借款</td><td></td><td></td></tr>
<tr><td>交易性金融资产</td><td></td><td></td><td colspan="4">交易性金融负债</td><td></td><td></td></tr>
<tr><td>衍生金融资产</td><td></td><td></td><td colspan="4">衍生金融负债</td><td></td><td></td></tr>
<tr><td>应收票据及应收账款</td><td></td><td></td><td colspan="4">应付票据及应付账款</td><td></td><td></td></tr>
<tr><td>预付款项</td><td></td><td></td><td colspan="4">预收款项</td><td></td><td></td></tr>
<tr><td>其他应收款</td><td></td><td></td><td colspan="4">合同负债</td><td></td><td></td></tr>
<tr><td>存货</td><td></td><td></td><td colspan="4">应付职工薪酬</td><td></td><td></td></tr>
<tr><td>合同资产</td><td></td><td></td><td colspan="4">应交税费</td><td></td><td></td></tr>
<tr><td>持有待售资产</td><td></td><td></td><td colspan="4">其他应付款</td><td></td><td></td></tr>
<tr><td>一年内到期的非流动资产</td><td></td><td></td><td colspan="4">持有待售负债</td><td></td><td></td></tr>
<tr><td>其他流动资产</td><td></td><td></td><td colspan="4">一年内到期的非流动负债</td><td></td><td></td></tr>
<tr><td>流动资产合计</td><td></td><td></td><td colspan="4">其他流动负债</td><td></td><td></td></tr>
<tr><td>非流动资产：</td><td></td><td></td><td colspan="4">流动负债合计</td><td></td><td></td></tr>
<tr><td>债权投资</td><td></td><td></td><td colspan="4">非流动负债：</td><td></td><td></td></tr>
<tr><td>其他债权投资</td><td></td><td></td><td colspan="4">长期借款</td><td></td><td></td></tr>
<tr><td>长期应收款</td><td></td><td></td><td colspan="4">应付债券</td><td></td><td></td></tr>
<tr><td>长期股权投资</td><td></td><td></td><td colspan="4">其中：优先股</td><td></td><td></td></tr>
<tr><td>其他权益工具投资</td><td></td><td></td><td colspan="4">永续债</td><td></td><td></td></tr>
<tr><td>其他非流动金融资产</td><td></td><td></td><td colspan="4">长期应付款</td><td></td><td></td></tr>
<tr><td>投资性房地产</td><td></td><td></td><td colspan="4">预计负债</td><td></td><td></td></tr>
<tr><td>固定资产</td><td></td><td></td><td colspan="4">递延收益</td><td></td><td></td></tr>
<tr><td>在建工程</td><td></td><td></td><td colspan="4">递延所得税负债</td><td></td><td></td></tr>
<tr><td>生产性生物资产</td><td></td><td></td><td colspan="4">其他非流动负债</td><td></td><td></td></tr>
<tr><td>油气资产</td><td></td><td></td><td colspan="4">非流动负债合计</td><td></td><td></td></tr>
<tr><td>无形资产</td><td></td><td></td><td colspan="4">负债合计</td><td></td><td></td></tr>
<tr><td>开发支出</td><td></td><td></td><td colspan="4">所有者权益（或股东权益）</td><td></td><td></td></tr>
<tr><td>商誉</td><td></td><td></td><td colspan="4">实收资本（或股本）</td><td></td><td></td></tr>
<tr><td>长期待摊费用</td><td></td><td></td><td colspan="4">其他权益工具</td><td></td><td></td></tr>
<tr><td>递延所得税资产</td><td></td><td></td><td colspan="4">其中：优先股</td><td></td><td></td></tr>
<tr><td>其他非流动资产</td><td></td><td></td><td colspan="4">永续债</td><td></td><td></td></tr>
<tr><td>非流动资产合计</td><td></td><td></td><td colspan="4">资本公积</td><td></td><td></td></tr>
<tr><td></td><td></td><td></td><td colspan="4">减：库存股</td><td></td><td></td></tr>
<tr><td></td><td></td><td></td><td colspan="4">其他综合收益</td><td></td><td></td></tr>
<tr><td></td><td></td><td></td><td colspan="4">盈余公积</td><td></td><td></td></tr>
<tr><td></td><td></td><td></td><td colspan="4">未分配利润</td><td></td><td></td></tr>
<tr><td></td><td></td><td></td><td colspan="4">所有者权益合计</td><td></td><td></td></tr>
<tr><td>资产总计</td><td></td><td></td><td colspan="4">负债和所有者权益总计</td><td></td><td></td></tr>
</table>

图 3-2　企业会计准则一般企业资产负债表参考格式

对比图 3-1 和图 3-2 可知，企业会计准则一般企业资产负债表相对于小企业会计准则的资产负债表，不仅简化了存货和固定资产的列报，还增加了许多其他的项目。这是因为《企业会计准则第 30 号——财务报表列报》中，关于资产负债表至少应当单独列示反映的项目与《小企业会计准则》至少应当单独列示反映的项目有很大的差异。

例如，《企业会计准则第 30 号——财务报表列报》中规定，资产负债表至少应当单独列示反映的资产类项目为货币资金、应收及预付款项、交易性投资、存货、持有至到期投资、长期股权投资、投资性房地产、固定资产、生物资产、递延所得税资产、无形资产。这就和《小企业会计准则》的相关规定有很大的区别。

接着，我们就主要以小企业会计准则为依据，介绍资产负债表的具体项目及其含义。

资产负债表里的常见项目

对于没有学过会计知识的人来说，拿到资产负债表时，你很可能对其中的名词术语一知半解，甚至一无所知。这些名词术语就是财务语言，想要看懂财务报表，就得首先了解这些财务语言。所以，这一节中就将通俗地告诉你，资产负债表中这些名词术语的意思，也就是通常所说的资产负债表项目的含义。

从如表 3-1 所示的资产负债表结构中，我们可以知道，资产负债表包括资产类项目、负债类项目以及所有者权益类项目。

表 3-1　资产负债表的结构

资　产	负　债
	所有者权益

我们先介绍资产类项目。

货币资金。提到资产，最容易想到的就是钱，资产负债表上我们把它称作"货币资金"。

应收账款。如果货卖出去了，暂时还没收到钱，我们把这种找买方收钱的权利称为应收账款。

应收票据。如果买方用商业汇票来偿还应收账款，那么就是应收票据。

应收股利。如果公司投资了其他企业，那么公司就是股东，公司在被投资企业应享有的已宣告但尚未发放的分红就是应收股利。

应收利息。如果公司有息借款给其他企业，那么产生的应该由借款企业承担的借款利息就是应收利息。

预付账款。如果公司预先付货款给供应商，就是预付账款。

其他应收款。除此之外，公司垫付给本公司员工、其他单位或个人的其他款项，就是其他应收款。

【提示】应收及预付款项

在《小企业会计准则》中，我们把以上除货币资金以外的项目，统一称作"应收及预付款项"。

存货。对于只销售不生产的企业来说，存货就是持有以备出售的商品；对于生产企业来说，存货还包括在生产过程中耗用的材料和物料、处于生产过程中的在产品以及完工入库的产成品等。此外，消耗性生物资产也属于存货，它是指持有以备出售的生物资产，例如农林牧渔业生长中的大田作物、蔬菜、用材林及存栏待售的牲畜。

由于以上这些资产类项目预计在一年内（含一年，下同）或者一个正常营业周期内变现、出售或耗用，流动性比较强，因此被称作"流动资产"；其中，存货的流动性稍弱，故流动资产中扣除存货，就是"速动资产"。

而下面这些资产类项目，由于企业准备长期（超过一年，下同）持有，流动性比较弱，因此被称作"非流动资产"。

长期债券（权）投资。指企业准备长期持有的债券（权）投资，例如长期有息借款给其他企业。

长期股权投资。指企业准备长期持有的权益性投资，也就是说以股东身份参与的投资。

固定资产。指企业为生产、出租、提供劳务或经营管理而持有的使用寿命超过一年的，单位价值相对较大的有形资产，例如房屋、机器设备、工具、器具等。但是房产公司持有以备出售的商品房应列为存货，而不是固定资产。

生产性生物资产。指农林牧渔业企业为生产、出租、提供劳务而持有的生物资产，例如经济林、薪炭林、产畜、役畜。

无形资产。指企业为生产、出租、提供劳务或经营管理而持有的没有实物形态的可辨认资产，如土地使用权、专利权、商标权、著作权、非专利技术。

长期待摊费用。指应当按照《小企业会计准则》规定进行长期摊销的费用支出，例如已提足折旧的固定资产的改建支出、经营租入固定资产的改建支出、固定资产的大修理支出。

资产类常见项目介绍完了，接着，我们再来介绍负债类常见项目。

短期借款。指企业借入的预计在一年内归还的有息借款，例如短期银行贷款。

应付账款。如果货验收入库了，暂时还没付给供应商钱，我们把这种付钱给卖方的义务称为应付账款。它是与应收账款相反的概念。

应付票据。如果企业用商业汇票来偿还应付账款，那么就是应付票据。它是与应收票据相反的概念。

应付利润。企业已宣告但尚未向股东发放的分红，就是应付利润。它是与应收股利相反的概念。

应付利息。如果企业借入了有息借款，那么产生的尚未支付的借款利息就是应付利息。它是与应收利息相反的概念。

预收账款。如果公司预先收到客户的货款，就是预收账款。它是与预付账款相反的概念。

其他应付款。除此之外，本公司员工、其他单位或个人为企业垫付的其他款项，就是其他应付款。它是与其他应收款相反的概念。

【提示】应付及预收款项

在《小企业会计准则》中，我们把以上除短期借款以外的项目，统一称作"应付及预收款项"。

应付职工薪酬。指企业应当支付给本公司员工的各种形式的劳务报酬，例如工资、奖金、社保费、住房公积金、辞退补偿以及各种福利。

应交税费。指企业应当支付的各种税费。

由于以上这些负债类项目预计在一年内（含一年，下同）或者一个正常营业周期内归还，流动性比较强，因此被称作"流动负债"。

【提示】债权债务关系怎么看？

在实际工作中，企业与供应商之间的债权债务关系，需要结合"应付账款"和"预付账款"两个项目来看，因为很可能二者能够相互抵销；同理，企业与客户之间的债权债务关系，需要结合"应收账款"和"预收账款"两个项目来看；并且，企业与本公司员工、其他单位或个人之间的债权债务关系，也需要结合"其他应收款"和"其他应付款"两个项目来看。也正因为如此，有的企业为了简化核算，就不使用"预付账款"、"预收账款"和"其他应付款"这 3 个项目，而是把预付账款放在应付账款的相反方向，把预收账款放在应收账款的相反方向，又把其他应付款放在其他应收款的相反方向。这个现象很普遍。

下面这些负债类项目，由于企业准备长期持有，流动性比较弱，因此被称作"非流动负债"。

长期借款。指企业借入的长期有息借款，例如长期银行贷款。

长期应付款。指企业不准备在一年以内支付的应付款项。

把资产类和负债类的常见项目都介绍完了，最后，我们再来看看所有者权益类的常见项目。

实收资本。指股东投入企业的注册资本。

资本公积。指股东投入企业的超过注册资本的出资额。

盈余公积。指企业从税后利润中提取的法定公积金和任意公积金。盈余公积可以用于弥补亏损、转增资本或者扩大生产经营。

未分配利润。指企业经过弥补亏损、提取盈余公积、向股东分红后，留存在本企业内的净利润。

资产负债表的动态变化过程

在对资产负债表里的项目有了一个基本的了解之后，你一定想知道这些项目具体在资产负债表里究竟扮演怎样的角色吧。

接下来我们就以某家具公司为例，来演示一下资产负债表的动态变化过程。

【案例分析】——某家具公司资产负债表动态变化过程

张三和李四两人一起注册了某家具公司，注册资本为人民币 50 万元，张三出 30 万元，李四出 20 万元，张三任总经理兼法定代表人，李四任监事，聘请王五担任会计。

如果我们把需要做会计处理的事项称作经济业务，假设每项经济业务都出一张资产负债表，并将资产负债表没有数字的部分略去，那么在发生第一项经济业务之前，该家具公司的资产负债表如表 3-2 所示。

表 3-2　某家具公司简化的资产负债表

这个时候，资产负债表上空空如也，既没有资产，也没有负债和所有者权益。

拿到营业执照后，张三去银行开户，并垫付了 820 元开户费，此时资产负债表变成如表 3-3 所示的样子。

表 3-3　某家具公司简化的资产负债表

货币资金	820	其他应付款	820

跑了银行办完开户手续后，张三又垫付了 2 000 元买了一台电脑，同时垫付了 2 800 元购入一台打印机，准备给公司使用，此时资产负债表变成如表 3-4 所示的样子。

表 3-4　某家具公司简化的资产负债表

货币资金	820	其他应付款	5 620
固定资产	4 800		

这天，张三和李四一起将各自的注册资金存入这家家具公司的账号，张三存入 30 万元，李四存入 20 万元，此时资产负债表变成如表 3-5 所示的样子。

表 3-5 某家具公司简化的资产负债表

| 货币资金 | 500 820 | 其他应付款 | 5 620 |
| 固定资产 | 4 800 | 实收资本 | 500 000 |

接着，该家具公司与家具供应商甲公司达成了经销协议，甲公司向该家具公司提供了办公家具的出厂价格表和一批样品。

张三在某家具城租下了一个商铺，房屋租赁合同签5年，租金按年预付，120 000元/年，押金10 000元。张三共支付了130 000元，此时资产负债表变成如表3-6所示的样子。

表 3-6 某家具公司简化的资产负债表

货币资金	370 820	其他应付款	5 620
其他应收款	10 000		
待摊费用	120 000	实收资本	500 000
固定资产	4 800		

张三将商铺精心地进行了一番装修，装修费50 000元，此时资产负债表变成如表3-7所示的样子。

表 3-7 某家具公司简化的资产负债表

货币资金	320 820	其他应付款	5 620
其他应收款	10 000		
待摊费用	120 000		
固定资产	4 800	实收资本	500 000
长期待摊费用	50 000		

商铺装修好后焕然一新，来逛家具城的客户老赵看上了该家具公司的办公桌和办公椅，订购了20张办公桌和50把办公椅，办公桌单价300元/张，办公椅单价80元/把，总计10 000元，老赵预付了2 000元货款，并约定3天内送货上门时再付剩下的8 000元尾款。

此时资产负债表变成如表3-8所示的样子。

表 3-8　某家具公司简化的资产负债表

货币资金	322 820	其他应付款	5 620
其他应收款	10 000	预收账款	2 000
待摊费用	120 000		
固定资产	4 800	实收资本	500 000
长期待摊费用	50 000		

　　该家具公司将订单发给家具供应商甲公司，甲公司按时将约定数量的办公桌和办公椅运往指定地点完成交付。老赵验货无误，随后即按照约定向该家具公司付清了剩下的 8 000 元尾款。

　　该家具公司按照之前与甲公司经销协议上约定的出厂价，即办公桌200元/张和办公椅50元/把，计算出这批家具的进价为 6 500 元，于是向甲公司结算了 6 500 元。

　　这笔业务，该家具公司赚取的毛利＝售价－进价＝10 000－6 500＝3 500（元）。若暂时不考虑税费，此时资产负债表变成如表 3-9 所示的样子。

表 3-9　某家具公司简化的资产负债表

货币资金	323 320	其他应付款	5 620
其他应收款	10 000		
待摊费用	120 000		
固定资产	4 800	实收资本	500 000
长期待摊费用	50 000	未分配利润	3 500

　　随后，某家具公司又卖出了几批办公家具，加上老赵的这笔业务，一共取得的销售收入为 100 000 元，赚取的毛利为 35 000 元。暂时不考虑税费，此时资产负债表变成如表 3-10 所示的样子。

表 3-10　某家具公司简化的资产负债表

货币资金	354 820	其他应付款	5 620
其他应收款	10 000		
待摊费用	120 000		
固定资产	4 800	实收资本	500 000
长期待摊费用	50 000	未分配利润	35 000

　　到了月底，王五计算出本月的职工薪酬合计为 6 500 元，其中销售薪酬

为 3 000 元，会计薪酬为 3 500 元，应交税费为 5 000 元（由于企业所得税按季度预缴，故本月暂不考虑，下月同），该家具公司预计下个月 10 号左右发工资和交税。

另外，这个月的房租费为 10 000 元，故待摊费用减少 10 000 元。除此之外，本月其他杂费支出为 4 820 元。

此时资产负债表变成如表 3-11 所示的样子。

表 3-11　某家具公司简化的资产负债表

货币资金	350 000	其他应付款	5 620
其他应收款	10 000	应付职工薪酬	6 500
待摊费用	110 000	应交税费	5 000
固定资产	4 800	实收资本	500 000
长期待摊费用	50 000	未分配利润	8 680

到了第二个月，来了一个叫老陈的大客户，要买 500 张办公桌和 1 500 把办公椅，总金额 270 000 元。售价仍是办公桌 300 元 / 张，办公椅 80 元 / 把，但是老陈向该家具公司提出要分 3 期付款，预付 60% 即 162 000 元，货到时再付 30% 即 81 000 元，剩下的 10% 尾款即 27 000 元满 3 个月时支付。张三接下了这笔订单，老陈当场预付 162 000 元。

此时资产负债表变成如表 3-12 所示的样子。

表 3-12　某家具公司简化的资产负债表

货币资金	512 000	其他应付款	5 620
其他应收款	10 000	预收账款	162 000
待摊费用	110 000	应付职工薪酬	6 500
		应交税费	5 000
固定资产	4 800	实收资本	500 000
长期待摊费用	50 000	未分配利润	8 680

货到后，老陈如约又支付了第二笔款 81 000 元，只剩 27 000 元未付。此时资产负债表变成如表 3-13 所示的样子。

表 3-13　某家具公司简化的资产负债表

货币资金	593 000	其他应付款	5 620
应收账款	27 000	应付职工薪酬	6 500
其他应收款	10 000	应交税费	5 000
待摊费用	110 000	实收资本	500 000
固定资产	4 800		
长期待摊费用	50 000	未分配利润	277 680

发放上月职工薪酬后，王五又计算出本月职工薪酬和应交税费。本月只有老陈这笔订单，假设本月职工薪酬金额不变，应交税费随销售收入同比例变化，即为 5 000/100 000×270 000=13 500 元，固定资产残值为零，以平均年限法按照 4 年折旧，则本月折旧费为 4 800/4/12=100 元。故得出固定资产净值＝固定资产原价－累计折旧＝4 700 元。另外，这个月的房租费为 10 000 元，故待摊费用减少 10 000 元。除此之外，本月其他杂费支出为 4 500 元。那么，货币资金 =593 000–6 500–5 000–4 500=577 000（元）。

此时资产负债表变成如表 3-14 所示的样子。

表 3-14　某家具公司简化的资产负债表

货币资金	577 000	其他应付款	5 620
应收账款	27 000	应付职工薪酬	6 500
其他应收款	10 000	应交税费	13 500
待摊费用	100 000	实收资本	500 000
固定资产	4 700		
长期待摊费用	50 000	未分配利润	243 080

通过上面的演示，我们可以直观地感受到在该家具公司的经营过程中资产负债表的动态变化。

如果继续往下经营，该家具公司的资产负债表还将继续发生无穷无尽的变化，可以预期的是，随着业务越来越复杂，资产负债表上的项目将会越来越多。对于管理者来说，看懂资产负债表就将是一个挑战。

资产负债表常用分析方法

了解了资产负债表的动态变化过程之后，相信你对复杂的资产负债表是怎么来的已经有了一个初步的认知。本节，我将继续结合某家具公司的案例，来举例说明资产负债表的常用分析方法。

1. 资产负债率

首先需要引入一个新的名词——资产负债率。

资产负债率即总负债除以总资产得到的百分比。它是衡量一个企业长期偿债能力的常用指标。

根据表 3-14 中的数据，我们可以做如下计算。

总负债 = 其他应付款 + 应付职工薪酬 + 应交税费 =5 620+6 500+13 500=25 620（元）

总资产 = 货币资金 + 应收账款 + 其他应收款 + 待摊费用 + 固定资产 + 长期待摊费用

=577 000+27 000+10 000+100 000+4 700+50 000

=768 700（元）

进而算出本月底的资产负债率 = 总负债 / 总资产 ×100%=25 620/768 700 ×100%=3.33%

同理，根据表 3-11 中的数据，我们可以计算出上个月底的资产负债率。

总负债 = 其他应付款 + 应付职工薪酬 + 应交税费

=5 620+6 500+5 000=17 120（元）

总资产 = 货币资金 + 其他应收款 + 待摊费用 + 固定资产 + 长期待摊费用

=350 000+10 000+110 000+4 800+50 000

=524 800（元）

可以算得资产负债率 = 总负债 / 总资产 ×100%=17 120/524 800×100%

=3.26%

可见，本月底相对于上月底的资产负债率虽略微有所上升，但总体来说资产负债率算是很低的。

但是好景不长，没过多久，附近又开了一个办公家具超级市场，办公家具品种繁多，还天天花样翻新地搞促销，该家具公司经销的办公家具由于品种单一，产品缺乏特色，性价比不高，面临被取代的严峻局面。

同时，由于经济大环境不景气，办公家具的需求锐减。为缩短交货时间，该家具公司采取赊购赊销的方式应对，一方面和甲公司谈判争取到了进货后部分货款延期支付的条件，另一方面给予目标客户较宽松的分期付款政策。此时的资产负债表如表 3-15 所示。

表 3-15　某家具公司简化的资产负债表

货币资金	328 500	应付账款	180 000
应收账款	220 000	其他应付款	5 620
存　货	330 000	应付职工薪酬	6 500
其他应收款	10 000	应交税费	7 500
待摊费用	40 000		
固定资产	4 200	实收资本	500 000
长期待摊费用	50 000	未分配利润	283 080

可以算得此时的资产负债率为 20.31%，相比原来的 3.33%，该家具公司的长期偿债能力大幅减弱。

2. 流动比率

现在，我们引入第二个指标——流动比率。

流动比率即流动资产除以流动负债。它反映的是企业有多少可变现用于偿还短期债务的可变现资产。流动比率是衡量一个企业资产变现能力和短期偿债能力的常用指标。

根据表 3-15 中的数据，我们可以做如下计算。

流动资产 = 货币资金 + 应收账款 + 存货 + 其他应收款

=328 500+220 000+330 000+10 000

=888 500（元）

流动负债 = 应付账款 + 其他应付款 + 应付职工薪酬 + 应交税费

=180 000+5 620+6 500+7 500

=199 620（元）

流动比率 = 流动资产 / 流动负债 =888 500/199 620=4.45

同理，根据表 3-14 中的数据，我们可以计算出：

流动资产 = 货币资金 + 应收账款 + 其他应收款

=577 000+27 000+10 000

=614 000（元）

流动负债 = 其他应付款 + 应付职工薪酬 + 应交税费

=5 620+6 500+13 500

=25 620 元

流动比率 = 流动资产 / 流动负债 =614 000/25 620=23.97

从以上流动比率的变化可以看出，该家具公司的资产变现能力和短期偿债能力变弱了很多。

那么，流动比率是不是越高越好呢？

也不是。

流动比率高，说明企业在流动资产上占用的资金多。虽然短期偿债能力很强，但是这也不一定是好事。

第一，如果是货币资金造成的，说明企业的资金利用效率可能过低，闲置资金过多，这也是一种资金浪费。

第二，如果是应收账款造成的，说明企业赊销过多。

第三，如果是存货造成的，说明企业的产品积压，销售不力。

那么究竟该家具公司是哪种情况呢？

3. 速动比率

为说明这个问题，我们继续引入第三个指标——速动比率。

速动比率即速动资产除以流动负债。速动资产是指流动资产扣除存货。速动比率是一个比流动比率更为严格的衡量企业资产变现能力和短期偿债能力的常用指标。

根据表 3–15 中的数据，我们可以做如下计算。

速动资产 = 货币资金 + 应收账款 + 其他应收款

=328 500+220 000+10 000

=558 500（元）

流动负债 = 应付账款 + 其他应付款 + 应付职工薪酬 + 应交税费

=180 000+5 620+6 500+7 500

=199 620（元）

速动比率 = 速动资产 / 流动负债 =558 500/199 620=2.80

我们将速动比率 2.80 与流动比率 4.45 进行对比可知，产品积压、销售不力使存货增加，是流动资产占用过多资金的首要原因。

4. 现金比率

继续往下分析，我们再引入第四个指标——现金比率。

现金比率即货币资金除以流动负债。现金比率是最严格的衡量企业资产变现能力和短期偿债能力的常用指标。

根据表 3-15 中的数据，我们可以做如下计算。

货币资金 =328 500（元）

流动负债 = 应付账款 + 其他应付款 + 应付职工薪酬 + 应交税费

$\qquad$ =180 000+5 620+6 500+7 500

$\qquad$ =199 620（元）

现金比率 = 货币资金 / 流动负债 =328 500/199 620=1.65

我们将现金比率 1.65 与速动比率 2.80 进行对比可知，企业赊销过多使应收账款增加，是流动资产占用过多资金的另一个重要原因。

从资产负债表里可以看出哪些危和机

假设危机来得不那么早，而是在经过几年的正常经营后才发生，此时该家具公司已经积累了较多的资金，也形成了一定的经营能力。

假设此时，该家具公司的资产负债表如表 3-16 所示。

表 3-16　某家具公司简化的资产负债表

货币资金	1 877 000	其他应付款	5 620
应收账款	205 000	应付职工薪酬	36 500
其他应收款	10 000	应交税费	23 500
待摊费用	100 000		
固定资产	48 000	实收资本	500 000
长期待摊费用	20 000	盈余公积	130 000
		未分配利润	1 564 380

从表 3-16 中可以看出，与表 3-14 相比，该家具公司赚取的未分配利润有了数量级式的增长，货币资金也比较充裕。为了提高资金运用效率，应对办公家具的严峻形势，该家具公司开始物色投资项目。

经过仔细调查研究，该家具公司发现受欧美文化风靡的影响，欧式生活家具的市场需求势头强劲，许多知名品牌一窝蜂地在橱柜领域竞争，而衣柜领域还没有形成领导品牌。

同时了解到家具制造厂乙公司近期因资金链断裂，濒临倒闭，该公司内部大量的研发和技术人员即将失业，于是该家具公司认为机不可失，决定涉足家具制造业，将原乙公司的研发和技术骨干聘请过来，然后租赁了厂房，购进了数控机床等设备，打造生产线，集中精神全力进行衣柜的设计研发和制造。

此时，该家具公司的资产负债表如表 3-17 所示。

表 3-17　某家具公司简化的资产负债表

货币资金	1 057 000	其他应付款	5 620
应收账款	205 000	应付职工薪酬	36 500
其他应收款	30 000	应交税费	23 500
待摊费用	600 000		
固定资产	348 000	实收资本	500 000
长期待摊费用	20 000	盈余公积	130 000
		未分配利润	1 564 380

根据表 3-17 中的数据可以算得：

资产负债率 = 总负债 / 总资产 ×100%

　　　　= （5 620+36 500+23 500）/（1 057 000+205 000+30 000+600 000+348 000+20 000）

　　　　=65 620/226 0000×100%

　　　　=2.9%

与此前相比，该家具公司的长期偿债能力有所降低。

流动比率 = 流动资产 / 流动负债

　　　　= （1 057 000+205 000+30 000+600 000）/（5 620+36 500+23 500）

　　　　=1 892 000/65 620

　　　　=28.83

由于没有存货，速动资产等于流动资产，所以速动比率也是 28.83。

现金比率 = 货币资金 / 流动负债

    =1 057 000/（5 620+36 500+23 500）

    =1 057 000/65 620

    =16.11

这 3 个比率告诉我们，该家具公司用于偿还短期债务的资产还是很充足的，也就是说资产的变现能力和短期偿债能力还是很好的。

经过一段时间的研制，衣柜顺利投产，并且申请了外观专利，市场反响不错。银行的客户经理也开始注意到了该家具公司这颗在家具制造业冉冉升起的新星。

什么时候需要看资产负债表

作为管理者，每时每刻都在思考如何做各种决策。财务报表是了解本部门、本公司经营管理情况时所需数据信息的重要来源，也是与其他部门、其他公司作对比分析的重要素材。

资产负债表在财务报表体系中占有举足轻重的地位，因此，对什么时候需要看资产负债表也非常有必要进行说明。

管理者负有改善本部门、本公司经营管理的责任。为了提高效率，利用有限的资源实现更大的收益，管理者需要决定许多事项。我建议在以下时刻，最好看看资产负债表。

例如，当公司不明确自己所处市场地位，需要找出本公司与同行业公司之间的差距时。

当产品在市场上面临竞争对手的威胁，需要采取行动来应对时。

当有新的规划或设想，需要做可行性论证时。

当出现不同的投资项目，需要比较分析评估时。

当想与同行公司进行优势互补时。

当发现本公司的利润率明显低于同行业公司，需要采取行动进行改善时。

当经济大环境或政策大背景等形势有大的变化，需要调整经营方向时。

当为经营会议做准备，需要为观点找到客观的数据支撑时。

当需要决定何时采取行动最有利时。

当需要了解哪些是需要用心维系的重点客户或重点供应商时。

当需要催收应收账款时。

当新加入一个公司，需要了解公司的现状时。

当需要添置新的资产或者淘汰原有资产时。

当公司的财务风险或经营风险较高，需要密切关注时。

……

还有很多很多诸如此类的场景，如果作为管理者能够看看资产负债表，对于你做出更明智的决策将是大有裨益的。

4

利润表是公司的绩效单

公司最重要的经营目标就是获取利润。因此，管理者要评价一个部门乃至整个公司的经营成绩，利润表就是不可或缺的工具。

本章通过介绍利润表里的项目和计算常用的指标，教给你看懂利润表的基本方法。

利润表的格式及逻辑

利润表是指反映企业在一定会计期间的经营成果的报表。相对于资产负债表来说，利润表的格式就比较统一了。我们先来看看报送给税务机关的常见利润表格式，如图 4-1 所示。

利润表

		会小企02表
编制单位：	年　月	单位：元

项目	行次	本年累计金额	本月金额
一、营业收入	1		
减：营业成本	2		
税金及附加	3		
其中：消费税	4		
城市维护建设税	5		
资源税	6		
土地增值税	7		
城镇土地使用税、房产税、车船税、印花税	8		
教育费附加、矿产资源补偿费、排污费	9		
销售费用	10		
其中：商品维修费	11		
广告费和业务宣传费	12		
管理费用	13		
其中：开办费	14		
业务招待费	15		
研究费用	16		
财务费用	17		
其中：利息费用(收入以"-"号填列)	18		
加：投资收益(损失以"-"号填列)	19		
二、营业利润(亏损以"-"号填列)	20		
加：营业外收入	21		
其中：政府补助	22		
减：营业外支出	23		
其中：坏账损失	24		
无法收回的长期债券投资损失	25		
无法收回的长期股权投资损失	26		
自然灾害等不可抗力因素造成的损失	27		
税收滞纳金	28		
三、利润总额(亏损总额以"-"号填列)	29		
减：所得税费用	30		
四、净利润(净亏损以"-"号填列)	31		

图 4-1　利润表格式

由于这个利润表是报送给税务机关的，故其中在不少科目后面还列出了一些明细项目，而这些明细项目金额汇总之和，却并不一定等于其科目金额。也就是说，仅仅是从构成科目的众多明细项目中挑出了一些加以列明。所以，为了解释清楚利润表中的勾稽关系，我把这些明细项目略去，就形成了如图4-2所示的利润表。

项目	行次	本年累计金额	本月金额
一、营业收入	1		
减：营业成本	2		
税金及附加	3		
销售费用	10		
管理费用	13		
财务费用	17		
加：投资收益(损失以"-"号填列)	19		
二、营业利润(亏损以"-"号填列)	20		
加：营业外收入	21		
减：营业外支出	23		
三、利润总额(亏损总额以"-"号填列)	29		
减：所得税费用	30		
四、净利润(净亏损以"-"号填列)	31		

利润表

编制单位：　　　　　　　　　　　　　年　月　　　会小企02表　单位：元

图 4-2　利润表

仔细端详图 4-2，我们就可以看出这样几个算式。

（1）营业利润 = 营业收入 − 营业成本 − 税金及附加 − 销售费用 − 管理费用 − 财务费用 + 投资收益。

（2）利润总额 = 营业利润 + 营业外收入 − 营业外支出。

（3）净利润 = 利润总额 − 所得税费用。

这样，经过多步计算，我们便看清了利润表里的逻辑关系。

利润表里的项目

在《小企业会计准则》中，明确规定了利润表至少应当单独列示反映以下项目。

营业收入。也就是企业销售商品、提供劳务所取得的收入，又称"营业额"。

营业成本。是指企业所销售商品的成本和所提供劳务的成本。

税金及附加。指应由企业负担的相关税费，如资源税、消费税、城市维护建设税、教育费附加、房产税、车船税、城镇土地使用税、印花税等，但不包括增值税和企业所得税。

销售费用。指企业为销售商品、提供劳务而发生的各项费用，如销售人员薪酬、广告费、商品维修费、展览费、业务宣传费。

管理费用。指企业为组织和管理生产经营活动而发生的各项费用，如业务招待费、管理人员薪酬。

财务费用。即企业的筹资费用，如银行手续费、利息支出。

所得税费用。指企业按规定计算的当期应纳企业所得税税额。

净利润。指企业当期利润总额扣除当期应纳企业所得税税额的税后利润。

除此以外，利润表上常见的项目还有如下几个。

投资收益。指企业股权投资所取得的现金股利、债券（权）投资取得的利息收入、处置股权投资和债券（权）投资所取得的净收益额三者之和。

营业外收入。是指企业在除销售商品、提供劳务之外的非日常经营活动中所取得的收入，如处置固定资产和无形资产所取得的净收益、政府补助、盘盈收益、汇兑收益、违约金收益。

营业外支出。指企业在除销售商品、提供劳务之外的非日常经营活动中所产生的支出或损失，如捐赠支出、赞助支出、罚金、自然灾害损失、处置固定资产和无形资产的净损失、坏账损失、无法收回的长期股权投资或长期债券（权）投资损失。

值得注意的是，有的利润表中还涉及到一个叫做"营业费用"的会计科目，千万不要把它和"营业成本"混淆，因为这个所谓的"营业费用"其实就是"销售费用"的别称而已。

另外，虽然利润表上没有列示，但是对财报分析较为重要的术语还有如下两个。

毛利。也就是企业营业收入减去营业成本和税金及附加所得到的金额。

息税前利润。指净利润加上利息支出和企业所得税费用所得到的金额。

传统利润表分析常用的指标

财务报表中的指标分析可谓是传统财务报表分析的重头戏，谈到利润表的分析更是离不开指标。

这里，就向大家介绍几类常用指标，如表 4-1 所示。

表 4-1 利润表分析常用指标

类 别	指 标	计 算 公 式
盈利能力指标	毛利率	（营业收入－营业成本－税金及附加）/营业收入 ×100%
	净利率	（净利润/营业收入）×100%
	总资产收益率（总资产报酬率）	（净利润/平均资产总额）×100%
	净资产收益率	（净利润/平均所有者权益）×100%
	资本金收益率	（净利润/平均实收资本）×100%
	成本费用利润率	（净利润/成本费用总额）×100%
偿债能力指标	利息保障倍数	息税前利润/利息支出
发展能力指标	销售增长率	（本年销售收入增长额/上年销售收入总额）×100%
	总资产增长率	（本年总资产增长额/年初资产总额）×100%
	净资产增长率（资本积累率）	（本年所有者权益增长额/年初所有者权益总额）×100%

【案例分析】——魅嘉家具公司利润表分析指标计算

经过数年苦心经营，魅嘉家具公司近几年的利润表如图 4-3 所示。

魅嘉家具公司利润表

单位：万元

项目	2017年	2016年	2015年	2014年
一、营业收入	209 718	166 377	125 546	109 376
减：营业成本	128 204	98 931	78 357	69 471
税金及附加	2 302	1 753	1 008	847
销售费用	34 416	28 865	19 596	15 682
管理费用	16 866	14 933	11 968	9 236
财务费用	- 87	- 115	332	1 038
加：投资收益(损失以"-"号填列)	2 204	990	805	265
二、营业利润(亏损以"-"号填列)	30 221	23 000	15 090	13 367
加：营业外收入	126	744	889	480
减：营业外支出	438	476	307	201
三、利润总额(亏损总额以"-"号填列)	29 909	23 268	15 672	13 646
减：所得税费用	5 357	4 767	3 979	3 601
四、净利润(净亏损以"-"号填列)	24 552	18 501	11 693	10 045

图4-3　魅嘉家具公司利润表

根据表4-1中的计算公式和图4-3中的数据，我们一起来试着计算魅嘉家具公司的这些指标。

2014年的毛利率＝（营业收入－营业成本－税金及附加）/营业收入×100%

＝（109 376－69 471－847）/109 376×100%

＝35.7%

同理可得，2015年的毛利率为36.8%，2016年的毛利率为39.5%，2017年的毛利率为37.8%。

可见，2014年至2017年这4年间，魅嘉家具公司的毛利率在35%~40%之间，总体较为稳定。

2014年的净利率＝（净利润/营业收入）×100%

＝10 045/109 376×100%

＝9.2%

同理可得，2015年的净利率为9.3%，2016年的净利率为11.1%，2017年的净利率为11.7%。

这说明2014年至2017年这4年间，魅嘉家具公司的净利率从9.2%逐步提升到11.7%。

毛利率和净利率这两个指标代表了企业的盈利能力，可以看出，魅嘉家具公司的盈利能力在提升。

以上是将魅嘉家具公司自身的现状与过去对比，又称纵向对比，可以看出现在比以前是进步还是退步。

其实，还有一种常见的对比方法，即横向对比，也就是将同行业同一时期的数据加以对比。这种对比方法可以帮助企业找到自己在业内的坐标。

【案例分析】——××家具公司利润表分析指标计算

××家具公司近几年的利润表如图4-4所示。

××家具公司利润表

单位：万元

项目	2017年	2016年	2015年	2014年
一、营业收入	666 544	479 453	368 485	323 972
减：营业成本	418 198	285 581	216 929	191 957
税金及附加	6 733	4 804	3 879	2 926
销售费用	139 733	105 773	76 979	64 953
管理费用	20 326	17 215	12 571	10 120
财务费用	4 825	312	1 537	1 378
加：投资收益(损失以"-"号填列)	6 258	- 5 624	- 1 747	- 74
二、营业利润(亏损以"-"号填列)	82 987	60 144	54 843	52 564
加：营业外收入	17 543	15 035	10 411	5 108
减：营业外支出	876	1 400	1 417	1 363
三、利润总额(亏损总额以"-"号填列)	99 654	73 779	63 837	56 309
减：所得税费用	17 162	16 534	14 783	14 287
四、净利润(净亏损以"-"号填列)	82 492	57 245	49 054	42 022

图4-4　××家具公司利润表

根据表4-1中的计算公式和图4-3、图4-4中的数据，若假设财务费用全部为利息支出，则可算出：

魅嘉家具公司2014年的利息保障倍数 = 息税前利润 / 利息支出

=（净利润 + 财务费用 + 所得税费用）/ 财务费用

=（10 045+1 038+3 601）/ 1 038

=14.1

××家具公司2014年的利息保障倍数 =（42 022+1 378+14 287）/1378

=41.9

利息保障倍数是衡量偿债能力的指标，对比这两个数据，可见2014年魅嘉家具公司的偿债能力尚可，债务风险较低，但××家具公司的债务风险比魅嘉家具公司更低。

我们再来看发展能力，根据表 4-1 中的计算公式和图 4-3、图 4-4 中的数据，可以算出：

魅嘉家具公司 2016 年销售增长率 =（2016 年销售收入增长额 /2015 年销售收入总额）×100%=（166 377-125 546）/125 546×100%=32.5%

魅嘉家具公司 2017 年销售增长率 =（2017 年销售收入增长额 /2016 年销售收入总额）×100%=（209 718-166 377）/166 377×100%=26%

同理可得，×× 家具公司 2016 年的销售增长率为 30.1%，2017 年的销售增长率为 39%。

将魅嘉家具公司与 ×× 家具公司近两年的销售增长率进行对比，可知 2017 年 ×× 家具公司的销售增长速度超过了魅嘉家具公司。

资产负债表和利润表的综合指标

通过以上案例，我们演示了几种利润表分析指标的计算方法。但是，这样就够了吗？

细心的读者也许已经注意到，表 4-1 中还提到了另外几种指标，但这些指标若只用利润表中的数据，是计算不出来的，还必须要有相应期间期初、期末的资产负债表里的数据。

下面，我们就使用简化的资产负债表来测算一下。

【案例分析】——魅嘉家具公司综合指标计算

魅嘉家具公司 2015 年期末（也是 2016 年期初）的资产负债表如表 4-2 所示。

表 4-2　魅嘉家具公司 2015 年期末简化的资产负债表

货币资金	141 804 201	应付账款	91 673 276
应收票据	1 400 000	预收账款	49 851 872
应收账款	25 261 198	应付职工薪酬	52 228 767
预付账款	24 156 666	应交税费	24 195 449
其他应收款	5 695 133	其他应付款	9 558 074
应收利息	1 923 288	非流动负债	35 295 864
存货	141 212 613		
待摊费用	523 794 733	负债合计	262 803 302
固定资产	387 253 123		
在建工程	6 018 512	实收资本	484 120 000
无形资产	192 705 081	资本公积	328 850 164
长期待摊费用	20 755 574	盈余公积	41 444 594
递延所得税资产	11 741 869	未分配利润	366 503 931
		所有者权益合计	1 220 918 689
资产总额	1 483 721 991	负债及所有者权益	1 483 721 991

魅嘉家具公司 2016 年期末（也是 2017 年期初）的资产负债表如表 4-3 所示。

表 4-3　魅嘉家具公司 2016 年期末简化的资产负债表

货币资金	475 428 370	应付账款	153 613 715
应收票据	2 500 000	预收账款	88 658 337
应收账款	33 877 817	应付职工薪酬	47 984 328
预付账款	15 674 784	应交税费	17 147 694
其他应收款	3 656 157	其他应付款	45 765 445
存货	170 725 750	非流动负债	36 242 380
待摊费用	271 334 992		
可供出售金融资产	90 318 000	负债合计	389 411 899
固定资产	398 777 703	实收资本	484 120 000
在建工程	49 222 035	资本公积	328 850 164
无形资产	194 538 561	盈余公积	60 860 997
长期待摊费用	19 672 533	未分配利润	508 689 410
递延所得税资产	11 027 188		
其他非流动资产	35 178 580	所有者权益合计	1 382 520 571
资产总额	1 771 932 470	负债及所有者权益	1 771 932 470

魅嘉家具公司 2017 年期末的资产负债表如表 4-4 所示。

表 4-4　魅嘉家具公司 2017 年期末简化的资产负债表

货币资金	925 081 557	应付账款	190 561 109
应收账款	115 251 568	预收账款	82 248 477
预付账款	30 091 610	应付职工薪酬	51 442 844
其他应收款	4 390 738	应交税费	35 891 409
存货	194 343 477	其他应付款	62 376 612
待摊费用	1 264 989	非流动负债	50 638 101
固定资产	549 174 422	负债合计	473 158 552
在建工程	8 623 626	实收资本	484 120 000
无形资产	209 544 862	资本公积	328 850 164
长期待摊费用	17 482 202	盈余公积	86 214 751
递延所得税资产	11 688 187	未分配利润	731 259 345
其他非流动资产	36 665 574	所有者权益合计	1 630 444 260
资产总额	2 103 602 812	负债及所有者权益	2 103 602 812

根据表 4-1 中的计算公式和表 4-2、4-3、4-4、图 4-3 中的数据，可以计算出：

魅嘉家具公司 2016 年的总资产收益率 =（净利润 / 平均资产总额）× 100%

= 净利润 /［（期初资产总额 + 期末资产总额）/2］× 100%

= 185 010 000/［（1 483 721 991+1 771 932 470）/2］× 100%

= 11.4%

魅嘉家具公司 2017 年的总资产收益率 =（净利润 / 平均资产总额）× 100%

= 净利润 /［（期初资产总额 + 期末资产总额）/2］× 100%

= 245 520 000/［（1 771 932 470+2 103 602 812）/2］× 100%

= 12.7%

魅嘉家具公司 2016 年的净资产收益率 =（净利润 / 平均所有者权益）× 100%

= 净利润 /［（期初所有者权益 + 期末所有者权益）/2］× 100%

= 185 010 000/［（1 220 918 689+1 382 520 571）/2］× 100%

= 14.2%

魅嘉家具公司 2017 年的净资产收益率 =（净利润 / 平均所有者权益）× 100%

= 净利润 /〔（期初所有者权益 + 期末所有者权益）/2] × 100%

=245 520 000/〔（1 382 520 571+1 630 444 260）/2] × 100%

=16.3%

魅嘉家具公司 2016 年的资本金收益率 =（净利润 / 平均实收资本）× 100%

= 净利润 /〔（期初实收资本 + 期末实收资本）/2] × 100%

=185 010 000/〔（484 120 000+484 120 000）/2] × 100%

=38.2%

魅嘉家具公司 2017 年的资本金收益率 =（净利润 / 平均实收资本）× 100%

= 净利润 /〔（期初实收资本 + 期末实收资本）/2] × 100%

=245 520 000/〔（484 120 000+484 120 000）/2] × 100%

=50.7%

总资产收益率、净资产收益率、资本金收益率的分子都是当期净利润，而分母的口径逐渐缩小，所以得出的百分比不同。它们都是反映盈利能力的指标。

我们再来算一算发展能力指标。

魅嘉家具公司 2016 年的总资产增长率 =（本年总资产增长额 / 年初资产总额）× 100%

=（1 771 932 470−1 483 721 991）/1 483 721 991 × 100%

=19.4%

魅嘉家具公司 2017 年的总资产增长率 =（本年总资产增长额 / 年初资产总额）× 100%

=（2 103 602 812−1 771 932 470）/1 771 932 470 × 100%

=18.7%

魅嘉家具公司 2016 年的净资产增长率 =（本年所有者权益增长额／年初所有者权益）×100%

$$=（1\ 382\ 520\ 571-1\ 220\ 918\ 689）/1\ 220\ 918\ 689×100\%$$

$$=13.2\%$$

魅嘉家具公司 2017 年的净资产增长率 =（本年所有者权益增长额／年初所有者权益）×100%

$$=（1\ 630\ 444\ 260-1\ 382\ 520\ 571）/1\ 382\ 520\ 571×100\%$$

$$=17.9\%$$

当学会计算各种指标之后，如果再有纵向和横向足够的数据，就能够大致看出企业是向好还是向坏的方向发展，以及企业在行业内的所处位置了。

警惕利润表里的陷阱

利润表是反映企业经营成果的重要报表，但是在会计处理方法上大做文章，虚增利润的案例也是屡见不鲜。作为管理者，在做对外投资决策时，就有必要识别这些伎俩，以免给公司造成损失。

下面以乐视网为例，对这些"财务技术"进行说明。

【案例分析】——乐视网的"扭亏为盈"手段

2015 年、2016 年和 2017 年，乐视网的净利润分别为 2.17 亿元、−2.21 亿元和 −181 亿元。

在短短 3 年的时间里，由亿元级的大赚转为百亿级的巨亏，这不禁令人心生疑问。

于是我们掉过头来分析，发现早在 2015 年的利润表中，就潜藏着不合常理的会计处理。

2015 年，乐视网的净利润乍一看，2.17 亿元，似乎相当亮眼。然而当我们仔细端详，就会发现其中有意为之的"陷阱"：

第一步，营业收入为 130.2 亿元，减去营业总成本（即营业成本、税金及附加和期间费用之和）130.3 亿元，结果为 -0.1 亿元，这说明乐视网的营业收入和成本费用在 2015 年已经发生倒挂，可以说已经入不敷出，缺乏有力的盈利能力支撑。

第二步，-0.1 亿元加上投资收益 0.8 亿元，得出营业利润为 0.7 亿元，靠对外投资的收益"扭亏为盈"，可见乐视网主营业务的利润已经空心化。

第三步，0.7 亿元加上营业外收支净额 0.04 亿元，得到利润总额 0.74 亿元。这样看上去，2015 年乐视网似乎在盈利。

第四步，有一幕发生了，0.74 亿元减去所得税费用——所得税费用竟然是 -1.43 亿元——得到净利润 2.17 亿元。

至此，乐视网 2015 年的净利润完成"完美变身"，彻底"扭亏为盈"。

看到这里，人们不禁纳闷，为什么所得税费用为负，还负这么多呢？

根据税法的规定，对于形成无形资产的研发支出，允许在计算企业所得税时按照 150% 加计扣除。于是乐视网抓住这一点做文章，利用确认递延所得税资产，而使最终的所得税费用成为负值。

然而，这种做法真的合法合规吗？

根据《企业会计准则第 18 号——企业所得税》的规定，当企业预期在可预见的未来很可能获得正的应纳企业所得税税额时，可以确认递延所得税资产。

换句话说，当近期有足够的盈利预期时，才可以确认递延所得税资产。

可事实上从 2014 年到 2017 年的 4 年间，乐视网均确认了大额的递延所得税资产，从而将负的所得税费用变成了主要的净利润来源。这显然是很不合适的处理方式。

这个案例告诉我们，不要被"净利润"3 个字迷惑。会计和税法上其实有许多处理手法，可以粉饰财务报表，操纵利润。

所以，我们要从实际出发，从事物发展的规律出发，抽丝剥茧，全面细致分析，避免陷入误区。

运用数学推理方法分析利润表

对于非财会专业人士来说，传统的利润表分析方法，使用起来既繁琐又困惑。例如，计算出来一大堆的指标想跟同行业比，但由于商业机密的关系，除了上市公司，谁又真能找到竞争对手的真实的财务数据呢？找不到数据，对标就成了一句空话。

再比如，公司已经渡过了初创期，形成了自己的企业文化和经营管理方式，这个时候，管理者求助于财务人员，往往只能得到财报和指标，对于数据背后的意义究竟是什么，公司运转是正常还是异常，有哪些地方需要改善，改善手段孰优孰劣，财务人员却常常一问三不知。

为了改变这种状况，就需要我们打破局限，一起来探究新方法。

从哪里开始呢？

我想大家一定还记得，本书开头就提到过的三种方法——游戏法、翻译法以及数学方法。其中，使用数学方法来进行推理，是最严密的方法。那么，利润表能否也使用数学推理方法来分析呢？我认为是可以的。

首先来看"收入 - 费用 = 利润"这个会计恒等式，里面包含了收入、费用和利润这 3 个会计要素。

其中，假设收入是指包括营业收入、营业外收入、投资收益等在内的广义收入，费用是包括营业成本、税金及附加、销售费用、管理费用、财务费用、营业外支出、企业所得税费用等在内的广义成本费用，利润就是净利润。

那么，我们可以将前后两期的利润表简化成如表 4-5 所示的这样。

表 4-5　简化前后的利润表

简化的前期利润表	简化的后期利润表
收入 1 减：费用 1 利润 1	收入 2 减：费用 2 利润 2

如表 4-5 所示，前一期的利润表中，收入 1- 费用 1= 利润 1；后一期的利润表中，收入 2- 费用 2= 利润 2。

那么我们可以将后一个等式减去前一个等式，结果仍然是一个等式，即：

（收入 2- 收入 1）-（费用 2- 费用 1）= 利润 2- 利润 1

我们把这个新的等式表示成简化的利润变化表，如表 4-6 所示。

表 4-6　简化的利润变化表

收入 2- 收入 1 减：费用 2- 费用 1 利润 2- 利润 1

如果我们将（收入 2- 收入 1）、（费用 2- 费用 1）、（利润 2- 利润 1）当做 3 个独立的要素，那么我们可以根据这 3 个要素为正还是为负，也就是后期比前期是增还是减，依次排列组合出以下 8 种情形。

收入增、费用增、利润增，用 "☰" 表示。

收入减、费用减、利润减，用 "☷" 表示。

收入减、费用减、利润增，用 "☳" 表示。

收入增、费用减、利润减，用 "☴" 表示。

收入增、费用减、利润增，用 "☲" 表示。

收入减、费用增、利润减，用 "☵" 表示。

收入减、费用增、利润增，用 "☶" 表示。

收入增、费用增、利润减，用 "☱" 表示。

由于收入－费用＝利润，移项后公式可变形为收入＝费用＋利润，故而第四种情况，即收入增、费用减、利润减的"☷"型以及第七种情况，即收入减、费用增、利润增的"☷"型都不存在。故可将利润变化表的情形简化为"☰、☷、☷、☷、☷、☷"这六型。

根据企业生命周期理论，我们可以大致将企业的生命周期划分为初创期、成长期、成熟期、衰退期这 4 个时期。

假设初创期持续投入费用，初创期与成长期的分野在于利润越过了盈亏临界点后继续增长，成熟期收入和利润基本稳定，即使有波动也很小，衰退期收入持续减少，那么以生产企业为例，不难做出以下分析。

初创期，为了形成生产能力需要投入，故而费用均为正，收入开始为零，然后逐渐增长，因此利润开始为负，然后负数开始减小，一直到利润为零，即到了成长期。这个过程的主要情形可以表示为"☷"。

成长期，度过了初创期形成了产销能力后，收入迅速增长，利润也跟着增长，费用主要是增，但由于费用控制或波动的因素使其也有稍减的可能。这个过程的主要情形可以表示为"☰"或"☷"。

成熟期，占有一定的市场份额，收入增速减缓，甚至略有下降，利润也跟着波动，但费用基本控制得较为稳定。这个过程的主要情形可表示为"☰&☷"或"☷&☷"，前者为收入增速减缓的情形，后者为收入略有下降的情形。严格来说，前者是成长期的延续，后者是衰退期的开始。

衰退期，产品过时，没有适销对路的新产品的生产能力，收入持续减少，利润也随之减少，不得不削减费用，过程中也可能因费用削减大于收入减少而有少许利润，直至费用无可再减，利润为零或为负。故而这个过程的情形依次可以表示为"☷"、"☷"、"☷"和"☷&☷"。

将分析结论统计一下，列成表格，如表 4-7 所示。

表 4-7　利润变化表型态示意

基 本 型	表 现	分 类
"☷" 型	费用均为正，收入开始为零，然后逐渐增长，因此利润开始为负，然后负数开始减小，一直到利润为零	初创期（准备盈利）

续表

基 本 型	表 现	分 类
"☰" 型	收入迅速增长，利润也跟着增长，费用主要是增长	成长期（快速盈利）
"☲" 型	收入迅速增长，利润也跟着增长，费用因控制严格而有略减的可能	
"☰&☲" 型	收入增速减缓，利润也跟着缓增，但费用基本控制得较为稳定	成熟期（平稳盈利）
"☷&☵" 型	收入略有下降，利润也跟着略有下降，但费用基本控制得较为稳定	
"☵" 型	收入持续减少，利润也随之减少，放任费用，不严格控制	衰退期（勉强盈利）
"☶" 型	收入持续减少，利润也随之减少，不得不削减费用	
"☳" 型	收入持续减少，靠大幅削减费用，来获得利润的小额增加	
"☷&☷" 型	收入持续减少，利润也随之减少，费用已削减至无可再减	衰退期（陷入亏损）

【案例分析】——魅嘉家具公司的利润变化表分析

以魅嘉家具公司的年度利润表为例，根据图 4-3 中的数据，我们可以算出的简化的利润变化表如表 4-8 所示。

表 4-8 魅嘉家具公司简化的利润变化表

2015 年 −2014 年 17 119 减：15 471 1 648
2016 年 −2015 年 40 871 减：34 063 6 808
2017 年 −2016 年 43 937 减：37 886 6 051

对照表 4-7，我们可以得出魅嘉家具公司正处于快速盈利的成长期。收

入与费用和利润的增长大致上是成正比，不过 2017 年费用的增长超过了收入的增长，因此净利润的增长不如前一年。

【案例分析】——××家具公司的利润变化表分析

根据图 4-4 中的数据，我们可以算出的简化的利润变化表如表 4-9 所示。

表 4-9　××家具公司简化的利润变化表

2015 年 -2014 年 48 143 减：41 111 7 032
2016 年 -2015 年 111 715 减：103 524 8 191
2017 年 -2016 年 201 481 减：176 234 25 247

对照表 4-7，我们可以得出 ×× 家具公司也正处于快速盈利的成长期。收入与费用和利润的增长大致上是成正比，2016 年费用增长是 2015 年费用增长的 2.52 倍，而 2016 年收入增长是 2015 年收入增长的 2.32 倍，费用增长的倍数超过了收入增长的倍数，因此净利润并没有随收入而等比例增长。

通过对魅嘉家具公司利润变化表和 ×× 家具公司利润变化表的数据的分析，我们发现，家具业近 3 年来行情向好，案例中的这两家公司都实现了收入和利润的快速增长。但是在这个过程中两家公司也都出现过费用增长的倍数超过收入增长的倍数的情况，应当通过更细致的分析来找准控制费用的良方。

5

如何在现金流量表中看出公司是否健康

虽然从资产负债表和利润表已经能看出一个公司的家底和赚钱能力，但这还远远不够。现金流量表也非常重要，它不仅能告诉你公司是否真的有钱，还能帮助你判断公司是否健康。

本章将从现金流量表的结构开始，教你看懂现金流量表。

【本章要点】

为什么现金流量表不容忽视

透过现金流量表，可以看到公司的家底到底有多少，因此，在管理公司的过程中，尤其不能忽视现金流量表，否则，可能会对公司发展造成不可挽回的后果。

下面，我们通过案例来看看忽视现金流量管理对公司造成的影响。

【案例分析】——北京普马关店风波

21 世纪初，号称要"领跑中国零售市场"的北京普尔斯马特会员购物企业集团（简称北京普马），曾是当时中国最大的零售商之一，却突然于不到半年时间内迅速崩塌。

北京普马成立 8 年间，以"四步走"策略扩张它的商业版图。

第一步，获得美国普尔斯马特特许权，注册北京普马。

第二步，在全国各地注册公司，利用当时政府招商心切，向当地银行贷款。

第三步，用贷款租用铺面或购置地产，以赊销方式获得当地供应商供货。

第四步，将经营资金、融资资金以及原来的注册资金，都用来开设新店。

这个策略开始时十分奏效，北京普马以惊人的速度融入数亿资金，迅速在全国各地开设了近 50 家分店。作为一家大型连锁零售企业，本应着力打造中央配送系统和采购系统，然而北京普马却拆东墙补西墙，在贷款——开店——再贷款——再开店的死循环中越走越远，一直到再也无力偿还巨额的到期银行贷款和铺面房租，被迫关掉多家普马店，最后只好在供应商、业主、银行的集体讨债声浪中黯然谢幕。

在上面这个事例中，如果北京普马从一开始就很重视现金流管理，不被融资顺利的假象冲昏了头脑，用融入的资金修炼内功，对开新店量力而行的话，或许不会一败涂地。

无独有偶，历史总在重演，如果说北京普马处在利润较薄的零售业，死在资金风险控制上是意料之中的事，那么顺风顺水、收入可观的乐视的表现则更是让人大跌眼镜。

【案例分析】——乐视资金链危机

乐视是一家上市的视频网站，它的"平台＋内容＋终端＋应用"全产业链发展模式，曾被业界命名为"乐视模式"，津津乐道。作为国家级高新技术企业，乐视的创新能力很强，营业收入也连年大幅增长。

然而在前景一片大好时，乐视却被曝拖欠供应商上百亿货款，即使采取了延迟出货和缓发员工工资的应急措施，也阻挡不住股价的大幅跳水，仅4个交易日市值就蒸发128亿元。

根据其公布的近年财务报表来分析，乐视在经营现金流不够充裕的情况下，大量从外部举债，扩大投资，战线太长，资金缺口过大，方才造成了资金链吃紧的危机。

从上面的两个例子可以看出，若忽视现金流量表的重要性，经营策略不与现金流相适应，一旦资金缺口过大，都很可能对企业造成致命的后果。

现金流量表的结构是什么

但凡工作过的人，都知道失业的日子很难熬，因为不论你有再大的能力，一旦没有了收入来源，坐吃山空，再厚的家底也会被耗尽的。

一个人的收入就好比现金流入，衣食住行就是现金流出，存的钱就好比现金流量净额。有经验的理财师，都建议人们把自己每个月的收支情况做个记录。

公司也需要用现金流量表来观察现金的来龙去脉。由于公司更复杂，所以还要按现金的不同来源和用途，对它做进一步的分类。现金流量表的一般格式如图 5-1 所示。

现金流量表

编制单位：		年　　月		单位：
项　　目	行次	本年累计金额	本月金额
一、经营活动产生的现金流量：			
销售产成品、商品、提供劳务收到的现金			
收到其他与经营活动有关的现金			
现金流入小计：			
购买原材料、商品、接受劳务支付的现金			
支付的职工薪酬			
支付的税费			
支付其他与经营活动有关的现金			
现金流出小计：			
经营活动产生的现金流量净额			
二、投资活动产生的现金流量：			
收回短期投资、长期债券投资和长期股权投资收到的现金			
取得投资收益收到的现金			
处置固定资产、无形资产和其他非流动资产收回的现金净额			
收到其他与投资活动有关的现金			
现金流入小计：			
短期投资、长期债券投资、长期股权投资支付的现金			
购建固定资产、无形资产和其他非流动资产支付的现金			
支付其他与投资活动有关的现金			
现金流出小计：			
投资活动产生的现金流量净额			
三、筹资活动产生的现金流量：			
取得借款收到的现金			
收到其他与筹资活动有关的现金			
现金流入小计：			
偿还借款本金支付的现金			
偿还借款利息支付的现金			
分配利润支付的现金			
支付其他与筹资活动有关的现金			
现金流出小计：			
筹资活动产生的现金流量净额			
四、现金净增加额			
加：期初现金余额			
五、期末现金余额			

图 5-1　现金流量表（样表）

现金流量表看上去很复杂，其实很简单，就是按照经营活动、投资活动、筹资活动（又称融资活动）把公司的大事小情都给分成了 3 类，如图 5-2 所示。

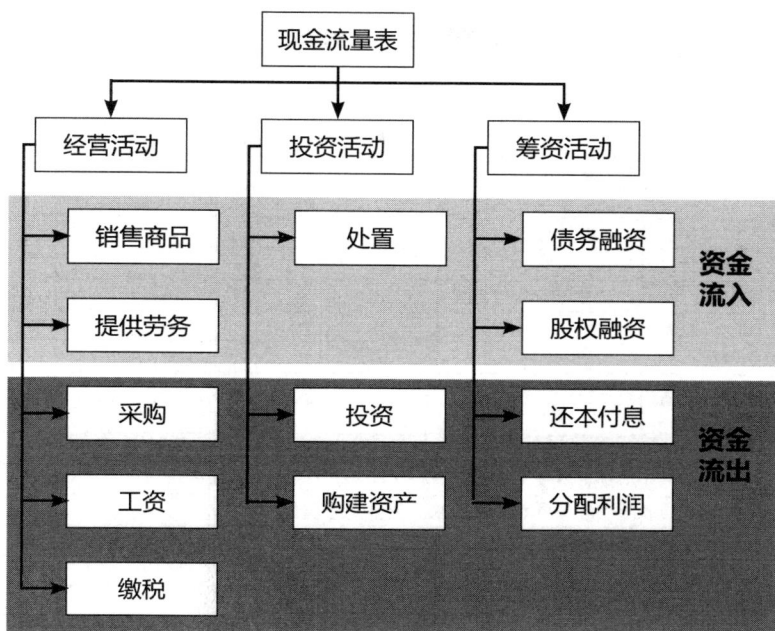

图 5-2　现金流量表结构图

例如，对于魅嘉家具公司来说，采购木材、支付员工工资和交税，就是它的经营活动现金流出，收回销售家具的货款，就是经营活动现金流入；购买生产线、建设厂房和对外投资，就是投资活动现金流出，变卖处置资产，就是投资活动现金流入；而向银行贷款，或者向股东筹集资本，就是筹资活动现金流入，归还贷款本金和利息以及向股东分红，就是筹资活动现金流出。

在现金流量表中，经营、投资、筹资这 3 类活动分别用"现金流入小计"减相应的"现金流出小计"，就得到了它们各自的现金流量净额。

再汇总，就得到了现金净增加额。

然后，用这个现金净增加额的数字，再加上期初现金余额，最后就算出了期末现金余额。如图 5-3 所示。

现金流量表（样表）

编制单位：　　　　　　　　　　　年　月　　　　　　　　单位：

项　目	行次	本年累计金额	本月金额
一、经营活动产生的现金流量：			
销售产成品、商品、提供劳务收到的现金			
收到其他与经营活动有关的现金			
现金流入小计：			
购买原材料、商品、接受劳务支付的现金			
支付的职工薪酬			
支付的税费			
支付其他与经营活动有关的现金			
现金流出小计：			
经营活动产生的现金流量净额			
二、投资活动产生的现金流量：			
收回短期投资、长期债券投资和长期股权投资收到的现金			
取得投资收益收到的现金			
处置固定资产、无形资产和其他非流动资产收回的现金净额			
收到其他与投资活动有关的现金			
现金流入小计：			
短期投资、长期债券投资、长期股权投资支付的现金			
构建固定资产、无形资产和其他非流动资产支付的现金			
支付其他与投资活动有关的现金			
现金流出小计：			
投资活动产生的现金流量净额			
三、筹资活动产生的现金流量：			
取得借款收到的现金			
收到其他与筹资活动有关的现金			
现金流入小计：			
偿还借款本金支付的现金			
偿还借款利息支付的现金			
分配利润支付的现金			
支付其他与筹资活动有关的现金			
现金流出小计：			
筹资活动产生的现金流量净额			
四、现金净增加额			
加：期初现金余额			
五、期末现金余额			

图 5-3　现金流量表的逻辑

　　从上图中我们可以看到，表格中将经营现金流、投资现金流、筹资现金流从上到下依次排列。你有没有想过，这是按什么顺序排列的，又为什么要这样排列呢？

其实，3 种现金流各自的特点决定了现金流量表的排列顺序。我们来看看 3 种现金流的特点。

稳定性。稳定性即某一业务活动对形成现金净流量的可持续性。现金流量表是按照稳定性从大到小排列的，经营活动现金净流量稳定性最高，筹资活动现金净流量的外部限制条件最多，因此最不稳定。而投资现金流主要来源于变卖资产，由于资产规模有限，所以投资活动现金净流量的稳定性介于前二者之间。

约束性。约束性指某一业务活动所取得的现金在企业使用时受到限制的程度。显然，经营现金流的约束性＜投资现金流的约束性＜筹资现金流的约束性。而且，任何企业都更愿意使用约束性小的资金。

风险性。风险性指某一业务活动所取得的现金使企业面临的到期还本付息的压力。毋庸置疑，筹资现金流的风险性最高，而经营现金流的风险性一般来说是 3 种现金流中最低的。

健康企业的现金流有哪些特征

既然现金流量表如此重要，那究竟可以怎样通过现金流来判断企业是否健康呢？

根据现金流量表中，3 种资金活动的现金流量净额为正还是为负，我们可以排列组合出如下 8 种情形。

经营现金流正、投资现金流正、筹资现金流正，用"☰"表示。

经营现金流负、投资现金流负、筹资现金流负，用"☷"表示。

经营现金流负、投资现金流负、筹资现金流正，用"䷗"表示。

经营现金流正、投资现金流负、筹资现金流负，用"䷗"表示。

经营现金流正、投资现金流负、筹资现金流正，用"䷗"表示。

经营现金流负、投资现金流正、筹资现金流负，用"䷗"表示。

经营现金流负、投资现金流正、筹资现金流正，用"䷗"表示。

经营现金流正、投资现金流正、筹资现金流负，用"䷗"表示。

但是，简单地根据公司属于其中哪种情况来判断公司的好与坏，这种做法是不正确的；我们还必须结合企业处于何种发展阶段，才能做出初步推断。

企业的发展，一般有初创、成长、成熟、衰退 4 个阶段。处于不同发展阶段的企业，现金流的表现自然不同。所以判断企业的现金流是否健康，需要结合它的发展阶段来进行分析，不能一概而论。下面，我们以魅嘉家具公司为例，来看看不同阶段现金流的特征。

1. 初创期

公司筹建期间，由于是创业初期，可能会发生购买原材料如木材等的支出，但还没有销售回款，所以经营活动现金流量净额为负；同时需要购买生产设备，建设厂房，这些都是现金支出，因此投资活动现金流量净额为负；为此，还需要向股东筹集资金，也就是融入资金，所以筹资活动现金流量净额为正。此时，现金流量表为"䷗"型。

2. 成长期

当生产设备和厂房购建完成，形成生产能力后，公司就开始卖出产成品，有了销售回款。随着销路的打开，销售回款会逐渐增加，所以经营现金流就由负转正了。这一时期，如果公司决策层采取保守策略，不再扩大投资，那么投资现金流不再为负；由于要给股东分红，所以筹资活动现金流则为负。这种情况下，现金流量表为"䷗"型。

但是，如果公司决策层没那么保守，就可能会扩大投资，购买更多的生产设备，扩建厂房等，故而投资现金流为负；为了保证投资资金充裕，公司还会开辟新的筹资渠道，例如向银行贷款。这时候，现金流量表就为"☳"型。可是，其中有的公司并不一定符合银行贷款的条件，或者银行收回了贷款，公司又没有其他的筹资渠道，那么现金流量表就变成了"☷"型。应该说，这时候，现金流断裂的风险就比较大了。

3. 成熟期

对于进入成熟期的公司来说，它的经营现金流十分稳定，市场份额也相对稳定。这时，如果行业前景看好，公司决策层没有风险意识并且固步自封，就不会扩大投资，也就不会有融资的动作。此时，现金流量表为"☶"型。

但如果公司决策层居安思危，可能就会意识到，在这个时期，正是谋求新的发展机遇的最好时光。第一，融资渠道从未像现在这样宽广；第二，所在行业可能会走下坡路，例如随着环保的呼声越来越高，新型材料的崛起，木制家具有可能在未来会失宠。所以，它打算未雨绸缪，寻找新的投资方向。这样的话，现金流量表就变成了"☱"型或"☰"型。两者的区别仅在于，后者找到并实施了新的投资。

4. 衰退期

如果，在成熟期的公司遇到了行业转冷或者产品过时的寒流，那么摆在它面前的只有两条路：第一条，趁早谋求转型，在经营现金流尚且为正时，赶紧寻求新的出路，如果成功的话能躲过一劫，这时它的现金流量表为"☰"型或"☱"型，区别也仅在于是否找到并实施了新的投资。如果能够这样的话，无疑是最幸运的结果。

但是，不是所有的公司都这么幸运。第二条路，就是眼睁睁地看着它衰亡。不挣扎的话，这个现金流就会跟温水煮青蛙似的，从"☳"变成"☶"，最后变成"☷"，静悄悄地死去；若要挣扎，在"☷"型时，如果还能找到融资渠道，还有可能变成"☳"型，但后续的动作必须是找到新的突破口，让经营现金流变负为正，才能有一线生机；若不能找到新的融资渠道，或者是单纯只靠融资续命，没有让经营现金流由负转正，那么公司的结局照样是死。这种情况，必定是非常凶险的。

综上所述，判断一个公司的现金流是否健康，从现金流量表的角度来说，我们可以得出以下结论。

第一，不能脱离企业发展阶段看现金流是否健康。

第二，必须以连续、动态、辩证的眼光来看待现金流。

第三，3 种现金流都为正的企业，既可能是成熟期，也可能是衰退期。

第四，仅投资现金流为正，经营现金流和筹资现金流都为负的企业是最危险的。

第五，仅融资现金流为负，经营现金流和投资现金流都为正的企业最稳健，但也可能会因过于保守而错失发展机遇。

下面我们通过具体的案例来进行实战分析。

【案例分析】——美衣坊服装有限公司成长期现金流分析

如表 5-1 所示为美衣坊服装有限公司在 2014 年~2017 年的现金流量指标统计，下面我们就试着来分析一下该企业这个阶段是否为健康状况。

表 5-1　美衣坊 2014 年～2017 年的现金流量指标　　　单位：万元

财 务 指 标	2017 年	2016 年	2015 年	2014 年
经营活动现金流量净额	292 778.07	278 716.19	192 341.17	197 661.86
投资活动现金流量净额	−58 093.20	−47 506.68	51 332.58	−52 594.15
筹资活动现金流量净额	−148 261.01	−170 724.80	−85 351.97	0.00
期末现金余额	689 258.70	602 592.68	542 033.15	383 681.04

从现金流量表的结构上来看，在 2014 年～2017 年这 4 年中，美衣坊服装有限公司主要是"☷"型。

再依次看 2014 年～2017 年的经营现金流，基本呈现逐年稳步上升的态势，可判断美衣坊服装有限公司正处在成长期。并且，经营现金流的金额在 2017 年度已经达到 29 个亿，说明现金流的稳定性较大，约束性较小。所以总体来说，美衣坊服装有限公司的现金流状况是较好的。

但还应看到，2014 年～2017 年的筹资现金流流出的金额也比较大，约为经营现金流流入的一半，说明美衣坊服装有限公司没有太重视融入资金。与此同时，投资现金流流出约为 5 亿，也不少，说明美衣坊服装有限公司还在进行扩大投资。如果下一步扩大投资的步子迈得太大，超过了经营现金流和筹资现金流的净增加额，那么美衣坊服装有限公司依旧是有现金流断裂的风险的。

重中之重——经营现金流量分析

通过前面的学习，我们已经知道了在经营活动、投资活动、筹资活动这3种现金流中，经营现金流的稳定性最高，约束性和风险性最小，因此，它自然而然地就成为了企业最便于使用的资金。所以，我们要分析现金流量表，重中之重就落到了经营现金流上面。而且，3种现金流为正还是为负，只能说是定性的初步判断，要想得到更准确的分析结果，就必须得结合3张报表，对经营现金流量进行更进一步的分析。

在分析经营现金流的时候，我们可使用的方法有3种，分别是比率分析法、趋势分析法和差量分析法，但是由于差量法在分析时提出的假设在现实中不一定成立，其计算过程又非常复杂，故本书不重点介绍。下面我们就具体来看看如何通过比率分析法和趋势分析法来对经营现金流量进行分析。

【提示】什么是差量分析法

差量法简单说来，就是假设收入、费用、存货和应收、应付、预付账款均随销售变动而变动，分别计算出销售增长、获利能力变动、营运资金管理效率、利息费用和所得税付现对现金流量的影响。

1.比率分析

比率分析是根据同一时期财务报表中两个或多个项目之间的关系，计算其比率，以评价企业的财务状况、经营成果、现金流量的方法。该方法的主要指标有4个，分别是经营现金流量流动负债比率、经营现金流量净利润比率、现金流量资本支出比率和现金股利保障倍数，各个指标的具体作用如表5-2所示。

表 5-2　比率分析的主要指标

财务指标	作用
经营现金流量流动负债比率	该指标用于反映企业短期偿债能力，其计算公式为：经营现金流量流动负债比率 = 经营活动现金净流量 ÷ 流动负债
经营现金流量净利润比率	该指标用于衡量企业的实际盈利质量，其计算公式为：经营现金流量净利润比率 = 经营活动现金净流量 ÷ 净利润
现金流量资本支出比率	该指标用于衡量企业经营活动现金流是否能够满足再投资的资金需求，其计算公式为：现金流量资本支出比率 =（经营活动现金净流量 − 现金股利）÷ 资本性支出
现金股利保障倍数	该指标用于反映企业用现金支付股利的能力，其计算公式为：现金股利保障倍数 = 经营活动现金净流量 ÷ 现金股利

　　一般来说，经营现金流量流动负债比率若达到 1，即经营活动现金净流量等于或大于流动负债，就说明企业不必动用存货、应收账款或变现除现金外的其他资产，凭自身经营产生的现金就足够偿还流动负债。这个比率越高，那么短期偿债能力越好。

　　经营现金流量净利润比率根据经验在 0~1 之间，少数情况会超过 1。这个指标越大，说明现金利润在全部利润中占比越高，也就是说盈利质量越好。

　　现金流量资本支出比率若刚好为 1，即表示企业在支付了现金股利之后所剩余的经营现金流，刚好足够支付再投资固定资产、无形资产及其他资产的总额，企业不用面临筹资的压力。所以，这个指标越大，说明经营现金流越能够满足再投资的需求，所面临的筹资压力越小。

　　现金股利保障倍数越大，说明企业可用于支付现金股利的现金流越充裕。这个指标不能太小，若小于 1，则说明经营产生的现金尚且不足以支付现金股利，更不必说用作再投资等其他方面了。但这个指标也不是越大越好，如果长期过高，说明企业不愿派发股利。

　　下面，我们以美衣坊服装有限公司的财务数据为例，进行具体分析。

【案例分析】——美衣坊经营现金流量比率分析

　　如表 5-3 所示为美衣坊服装有限公司 2015 年 ~ 2017 年的财务数据。

表 5-3　美衣坊 2015 年～ 2017 年的财务数据　　单位：万元

指标 年份	经营活动现金 净流量	流动负债	净利润	资本性支出	现金股利
2015 年	192 341.17	862 621.75	237 477.21	160 113.99	170 724.80
2016 年	278 716.19	1 251 589.37	295 313.17	6 563.46	148 261.01
2017 年	292 778.07	1 211 628.03	312313.45	85 894.20	220 145.14

通过这些数据，我们可以计算出公司每年的经营现金流量流动负债比率、经营现金流量净利润比率、现金流量资本支出比率和现金股利保障倍数指标，以 2015 年的数据为例，其具体的计算过程如下。

经营现金流量流动负债比率 =192 341.17 ÷ 862 621.75=0.22

经营现金流量净利润比率 =192 341.17 ÷ 237 477.21=0.81

现金流量资本支出比率 =（ 192 341.17−170 724.80 ）÷ 160 113.99=216 16.37 ÷ 160 113.99=0.14

现金股利保障倍数 =192 341.17 ÷ 170 724.80=1.13

用相同的方法计算 2016 年和 2017 年的数据，最终的计算结果如表 5-4 所示。

表 5-4　美衣坊 2015 年～ 2017 年的财务指标　　单位：万元

指标 年份	经营现金流量 流动负债比率	经营现金流量 净利润比率	现金流量资本 支出比率	现金股利保障 倍数
2015 年	0.22	0.81	0.14	1.13
2016 年	0.22	0.94	19.88	1.88
2017 年	0.24	0.94	0.85	1.33

从表 5-4 中的数据我们可以看出，美衣坊服装有限公司的经营现金流量各项指标总体有向好的势头，但是短期偿债能力较弱。

因为经营现金流量流动负债比率虽逐渐提高，但仍远小于 1，说明公司的经营活动产生的现金流量不足以偿付短期债务，必须得对外筹资、变卖资产或变现投资收益才能偿付到期债务。

经营现金流量占净利润比率逐年提高，接近于 1，说明盈利的质量在变高，但仍不够理想。现金流量资本支出比率从 2015 年的 0.14 提高到 2017 年的 0.85，说明经营活动产生的现金流量在满足再投资的资金需求方面有了较大的改善，不过离达到 1 还有一些差距，所以再投资还是有一定风险。

现金股利保障倍数每年都大于 1，反映出公司用现金支付股利的能力还是比较强的。

2. 趋势分析

趋势分析是指将不同时期同类财务指标的数据进行比较，得到其变化趋势和规律的分析方法。它分为定比分析和环比分析。我们可以通过分析公司历年的财务数据，预测经营现金流的发展趋势。

定比分析。指以某一年的数据为基期数据，将其余各年的数据与之相比，得到定比百分比。

环比分析。即以本年的数据与前一年的数据相比，得到环比百分比。

下面，我们以美衣坊服装有限公司的财务数据为例，进行具体分析。

【案例分析】——美衣坊经营现金流量趋势分析

接上例，根据表 5-3 中经营活动现金净流量的数据，若以 2015 年为基期，则可算得美衣坊服装有限公司 2015 年、2016 年、2017 年的经营活动现金净流量定比百分比。

2015 年经营活动现金净流量定比百分比 =192 341.17 ÷ 192 341.17 × 100% =100%

2016 年经营活动现金净流量定比百分比 =278 716.19 ÷ 192 341.17 × 100% =145%

2017 年经营活动现金净流量定比百分比 =292 778.07 ÷ 192 341.17 × 100% =152%

之后，可绘制柱形图来显示经营活动现金净流量的变化趋势。如图 5-4 所示。

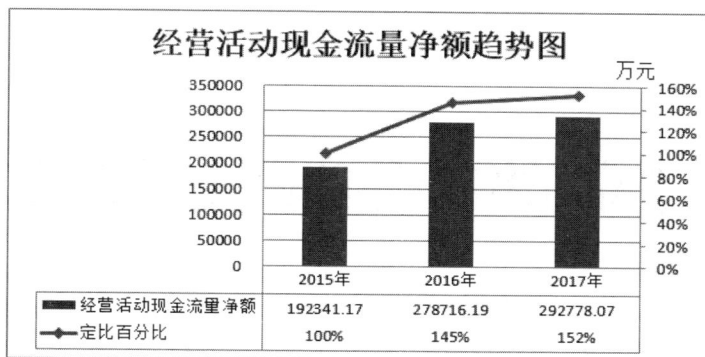

图 5-4　趋势分析之定比百分比

由图 5-4 可知，该公司现金流 2016 年迅猛增长，2017 年较为稳定。

根据表 5-1 中的数据，可算出 2015 年、2016 年、2017 年的经营活动现金净流量的环比百分比。

2015 年经营活动现金净流量的环比百分比 =192 341.17÷197 661.86×100%=97%

2016 年经营活动现金净流量的环比百分比 =278 716.19÷192 341.17×100%=145%

2017 年经营活动现金净流量的环比百分比 =292 778.07÷278 716.19×100%=105%

进一步计算可得：

2015 年环比经营活动现金净流量变化 =97%-100%=-3%，即比去年同期降低了 3 个百分点。

2016 年环比经营活动现金净流量变化 =145%-100%=45%，即比去年同期增长了 45 个百分点，增长迅猛。

2017 年环比经营活动现金净流量变化 =105%-100%=5%，即比去年同期增长了 5 个百分点。

所以总体来说，根据该公司近年来的数据来看，经营现金流的发展趋势为稳中有升。

树立三维立体的财务报表观

公司就好比是盲人摸象里的那头大象；资产负债表就好像是大象的骨骼，决定了公司的规模是大还是小；利润表就好像是大象的肌肉，观察它就可以看出公司是否强壮有力量；而现金流量表就好像是大象的血液，可通过它来了解公司的循环系统是否通畅。

骨骼、肌肉、血液这三者之间，一定是有着千丝万缕的联系的，所以我们看财务报表就不能孤立地只看其中一张，而应树立三维立体的财务报表观，否则，就无法全面把握一个公司。有了这样的观念之后，下面我们就来看看，这 3 张财务报表之间大致有着什么样的联系，如图 5-5 所示。

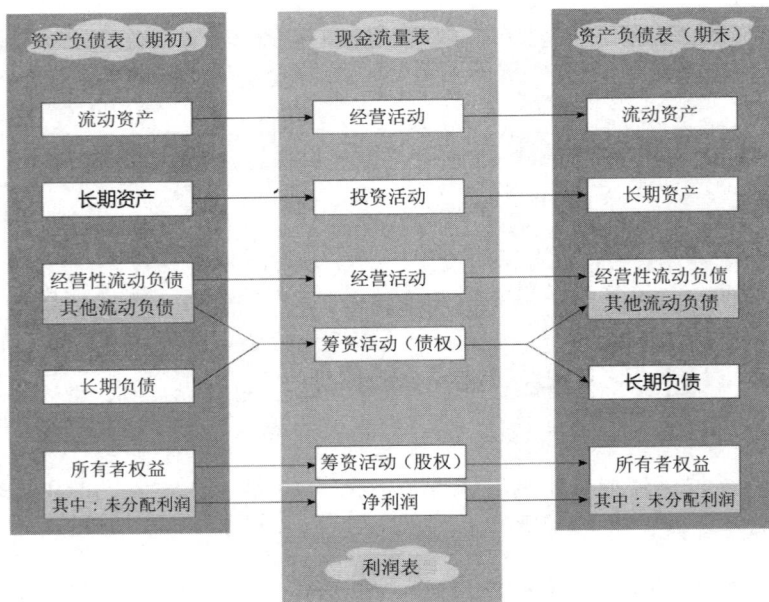

图 5-5　三维立体的财务报表体系图

从图 5-5 中，我们可以看出，现金流量表里的经营活动现金流量，与资产负债表里的流动资产和经营性流动负债有勾稽关系；现金流量表里的投资活动现金流量，与资产负债表里的长期资产有勾稽关系；现金流量表里的筹资活动现金流量，包括债权筹资和股权筹资，它们分别和资产负债表里的负债（即其他流动负债加上长期负债之和）与所有者权益有勾稽关系；利润表里的净利润，与资产负债表里的未分配利润有勾稽关系。它们之间相互紧密联系，构成了一个有机整体。

但是，这些财务报表之间的勾稽关系，有的是精确的勾稽关系，例如资产负债表（期初）的未分配利润 + 利润表中当期的净利润 = 资产负债表（期末）的未分配利润；但有的勾稽关系却并不能那么精确，例如现金流量表的 3 种活动的现金流量与相应的资产、负债、所有者权益之间的勾稽关系。这是因为现金流量表是以收付实现制为基础编制的，而资产负债表和利润表则是以权责发生制为基础编制的。

举例来说，有些经营活动虽然当期收了款，但由于尚未满足收入的确认条件还不能确认为收入，也就不能在当期的利润表中反映；有些经营活动当期付了现，但其实并不是支付当期的费用，而是为了偿还过去形成的负债，所以，也不能在当期的利润表中反映。

再拿投资活动来说，投资活动的现金流入既有可能是由投资长期资产所带来的现金收益，也有可能是变卖长期资产所回收的现金，前者是利润表中的投资收益，后者则代表了长期资产的减少。而投资活动的现金流出也既有可能是投资长期资产所付出的现金，也有可能是变卖长期资产时的处置费用，前者代表长期资产的增加，后者则是利润表中的管理费用。

只有筹资活动相对来说比较简单，筹资活动的现金流入就是融入的资金，筹资活动的现金流出就是融资费用。正因为上述的原因，所以，现金流量表与资产负债表和利润表中许多数字的关系不能简单地使用等式来精确表示，但是，我们仍然可以通过大体估算，反复验证，来判断它们之间是否存在着明显的矛盾。

总的来说，三大财务报表如果彼此之间的数据出现重大的不匹配，或者其所提供的信息出现明显与事实不符，都是财务报表失实的明显证据。要想了解公司真实的情况，就必须抓住疑点，抽丝剥茧，顺藤摸瓜，还原真相。

现金流为何反复无常

当树立了三维立体的财务报表观并掌握识别报表变形的基本方法以后，我们看财务报表就不容易上当受骗了。但是，有的报表却还是让我们看不懂。

常识告诉我们，经营现金净流量为负数，是一个危险的信号，因为这说明公司自身的造血能力不足，必须依靠外界输血才能维持生存。那么，是不是说经营现金净流量应该一直为正数才正常，而且正得越大越好呢？其实这个观点也不完全是正确的。

当我们认真观察现金流量表时总会发现有这么一些公司，它的现金流量表很有意思，经营现金净流量就像是变魔术似的，忽上忽下，反复无常，让人摸不着规律，辨不清方向，也不知道这公司究竟是好是坏，未来要向何处去。

下面我们来看几个具体的案例。

【案例分析】——A 房产公司经营现金流分析

如表 5-5 所示为 A 房产公司在 2003 年~2017 年的经营现金净流量统计，我们来看看它的情形。

表 5-5　A 房产公司 2003 年～ 2017 年的经营现金净流量　　　单位：亿元

年份	经营活动现金流量净额	年份	经营活动现金流量净额
2003 年	−5.69	2011 年	−79.22
2004 年	−11.67	2012 年	30.93
2005 年	−8.37	2013 年	−97.54
2006 年	−40.22	2014 年	−104.58
2007 年	−93.76	2015 年	177.85
2008 年	−75.9	2016 年	340.54
2009 年	−11.45	2017 年	−292.96
2010 年	−223.7	2018 年	暂无

从表 5-5 可以看出，A 房产公司的经营现金净流量从 2003 年到 2011 年连续 9 年，一直为负数；并且在这之后的 2013 年、2014 年、2017 年也为负数，甚至还"负"得越来越厉害。

如果我们把这些年所有的负数加起来，总共是 -1045.06 亿元，而为正数的年份仅有 2012 年、2015 年和 2016 年这 3 年，把这些正数全部加起来，也只有 549.32 亿元。

换句话说，A 房产公司从 2003 年到 2017 年，经营活动产生的现金流量几乎年年都是入不敷出，但它不仅没有倒闭，反倒越活越好，已然成为了中国房地产公司的领跑者，近年来甚至还向海外进军，购买了澳洲地区的数个地块。

这究竟是怎么一回事儿呢？为什么一个照理早就应该因为现金流断裂而倒闭的公司竟然能够发展得这样好？难道说我们先前的理论分析是错误的？非也。

这就涉及到一个分析财务报表必须要注意的问题——行业特点。我们再来看看 A 房产公司的净利润，如表 5-6 所示。

【案例分析】——A 房产公司净利润指标

如表 5-6 所示，为 A 房产公司在 2003 年~2017 年的净利润数据。

表 5-6　A 房产公司 2003 年～ 2017 年的净利润　　　单位：亿元

年份	净利润	年份	净利润
2003 年	0.7	2011 年	65.31
2004 年	1.89	2012 年	84.38
2005 年	4	2013 年	107.47
2006 年	6.71	2014 年	122
2007 年	14.89	2015 年	123.48
2008 年	22.39	2016 年	124.22
2009 年	35.19	2017 年	156.26
2010 年	49.2	2018 年	暂无

从表 5-6 可以看出，A 房产公司的净利润从 2003 年至 2017 年，已经连续 15 年稳步上升，从获利能力这个意义上来说，A 房产公司是相当稳健的。

结合众所周知的房地产价格这么多年来持续快速上涨的大背景，以及贷款融资一般都需要用不动产作抵押的常识，我们可以做以下设想。

A 房产公司最初先支付土地出让金在国内圈地，用于开发房产；随着房产价格的逐渐走高，A 房产公司开发出的房产也以不菲的价格售出，实现了利润；与此同时，A 房产公司和银行也看到了房产价格正在快速上涨，于是A 房产公司采取惜售，将尚未开发的土地和一些已开发出来尚未出售的房产，用来向银行等金融机构进行贷款融资；融入的资金继续用于大量圈地和开发新的房产。

就这样，A 房产公司的现金流源源不断，利润水涨船高。

刚才我们只看了 A 公司的经营现金净流量，那么现在我们再来看看它的筹资现金净流量，看数据是否能够支撑我们的判断。

【案例分析】——A 房产公司筹资现金流分析

如表 5-7 所示为 A 房产公司在 2003 年~2017 年的筹资现金净流量统计。

表 5-7　A 房产公司 2003 年～ 2017 年的筹资现金净流量　　　单位：亿元

年份	筹资活动现金流量净额	年份	筹资活动现金流量净额
2003 年	5.46	2011 年	73.93
2004 年	12.79	2012 年	113.26
2005 年	13.91	2013 年	125.06
2006 年	44.44	2014 年	198.91
2007 年	131.99	2015 年	−177.44
2008 年	84.96	2016 年	−113.29
2009 年	113.06	2017 年	1 137.37
2010 年	281.33	2018 年	暂无

从表 5-7 的数据中，我们可以清楚地看到筹资现金净流量除了 2015 年和 2016 年这两年为负之外（而结合表 5-5 看到，这两年的经营现金净流量恰好为较大的正数，说明这两年 A 房产公司卖了很多前些年惜售的房产），其余年份筹资现金净流量均为正数。

换句话，也就是说，筹资活动现金流量的流入，足够稳稳地支撑经营活动现金流量的流出。这果然印证了我们之前的设想和判断——房地产行业很特殊，主业为房地产的公司，它的现金流入主要是以筹资活动的现金流入为主，而它的经营活动则是以现金流出为主。

除了房地产公司之外，还有一些发展得不错的公司，虽然不像房地产公司那样经营现金净流量长年为负数，但在某些年份，也出现了为负的情况。那么，这又是为什么呢？我们再一起来看看 B 汽车公司。

【案例分析】——B 汽车公司经营现金流分析

如表 5-8 所示为 B 汽车公司在 2003 年~2017 年的经营现金净流量统计。

表 5-8　B 汽车公司 2003 年～ 2017 年的经营现金净流量　　　单位：亿元

年份	经营活动现金流量净额	年份	经营活动现金流量净额
2003 年	21.95	2011 年	−5.6
2004 年	−16.5	2012 年	15.1
2005 年	28.53	2013 年	13.94
2006 年	3.74	2014 年	2.91
2007 年	−0.35	2015 年	8.4
2008 年	11.69	2016 年	5.68
2009 年	21.44	2017 年	22.85
2010 年	23.43	2018 年	暂无

从表 5-8 中，我们可以一眼看出，在 2003 年至 2017 年这 15 年期间，B 汽车公司只有 2004 年、2007 年和 2011 年这 3 年的经营现金净流量为负数。其中，2004 年尤为蹊跷，因为它的前一年 2003 年和后一年 2005 年，B 汽车公司都是实现了很好的经营活动现金流入的，为什么偏偏 2004 年的经营活动现金流出这么多呢？当年到底发生了什么事情，才会引起经营现金异常断流的情况发生呢？

带着这个问题，我们调查了 2004 年 B 汽车公司的重大举措及政策背景。原来，2004 年 3 月，国家质检总局颁布了《缺陷汽车产品召回管理规定》，B 汽车公司于 2004 年 6 月开国产汽车召回先河，召回了当时为其主打车型的汽车产品。这个政策的出台显然会对 B 汽车公司当年的经营活动现金流造成影响，因此，我们也就理解了这个数据的"异常"，其实是正常的。

而 2011 年的数字也让人费解，这一次，B 汽车公司的经营上并没有出现什么重大的问题。但有分析文章指出，B 汽车公司所属的 M 汽车集团当时正在计划整体上市，B 汽车公司可能是战略性亏损，目的是为 M 汽车集团整体上市铺路。对此，B 汽车公司不置可否，同时对外声称其正在投资新能源厂。我们对这两个观点再做一下进一步的分析，投资建厂影响的应该是投资活动现金流而不是经营活动现金流，所以两者相比较，应该是战略性亏损的可能性更大。

可见，在做现金流分析的时候，除了要考虑行业因素，政策因素和公司内部的因素也是需要重点考察的。

我们最后再来看一看 B 汽车公司 2005 年至 2008 年这 4 年中间发生了哪些大事，才导致它的经营现金净流量走出了一个 "V" 字形呢？

2007 年左右，B 汽车公司对外发布消息称其将投资三大项目，分别是老产品改型、轿车技术改造以及研发发动机。实际上 B 汽车公司的这 3 项投资在前两年就已经开始。这条信息至少从一个侧面反映了其原有的产品已经过时，产品亟待转型升级。产品过时是因，转型升级是果。当想明白了这点，再回过头来看表 5-8 中的 "V" 字形数据，2007 年的经营现金净流量为 −0.35 亿元也就很好解释了。

也就是说，做现金流分析时，产品的生命周期也是一大需要考虑的因素。

综上所述，做现金流分析一定要考虑到行业、政策、产品生命周期和公司内部因素，这样我们就不会对现金流的反复无常感到费解了。

【提示】现金流量表的补充资料

现在，我们已经能够轻松阅读现金流量表了，但只做到这里，还是不够的。因为在现金流量表的表格后面，一般还会有补充资料，这个补充资料也很重要，不可不读。

现金流量表的补充资料主要包含 3 个部分的内容。

第一部分，是经营活动的现金流量。

第二部分，是不涉及现金收支的投资活动和筹资活动。

第三部分，是现金流量净增加额。

对于经营活动的现金流量的计算方法，我们前面介绍的，其实是一种最简单直观的方法，在会计上被称作"直接法"，就是以本期营业收入为起点，增减调整与经营活动有关的流动资产和流动负债的相关项目，从而得出经营活动的现金流量净额。

但是，在现金流量表的补充资料中，采用的是另一种计算方法，叫做"间接法"，它是以净利润为起点，增减调整不涉及现金流入流出的收入、费用、营业外收支等项目，从而得出经营活动的现金流量净额。

在中国，现金流量表在基本部分使用直接法编制，但在现金流量表的补充资料部分，还单独按照间接法反映经营活动现金流量的情况。

净现金流与净利润并非同一回事

我们前面讲过，资产负债表和利润表是以权责发生制为基础编制的，而现金流量表是以收付实现制为基础编制的。正是因为这个根本原因，利润表中的收入、费用，就与现金流量表中的现金流入、现金流出之间产生了"时差"。所谓的编制现金流量表使用的"间接法"，归根结底，其实就是在净利润的基础上把这个"时差"的影响用加加减减的方式进行调整，来消除掉净利润与净现金流之间的差异。

用公式来表示，净利润＝收入－成本费用税金，净现金流＝现金收入－现金流出，所以净现金流与净利润显然不是同一个概念。但是二者之间也不可否认是有密切联系的。

我们仔细来看看净利润的计算公式。

净利润＝收入－成本费用税金

仔细分析一下，我们可以做如下拆解：等式右边的"收入"，包括"现金收入"和"非现金收入"，"成本费用税金"包括"付现成本费用税金"和"非付现成本费用税金"。如果我们把净利润中的"现金收入"减去"付现成本费用税金"的差额叫做"现金利润"，把净利润中的"非现金收入"减去"非付现成本费用税金"的差额叫做"非现金利润"，那么就可以推导出：净现金流＝现金利润＝净利润－非现金利润。

推导出这个公式后，我们就可以一目了然地看出净现金流与净利润之间的关系。如图 5-6 所示。

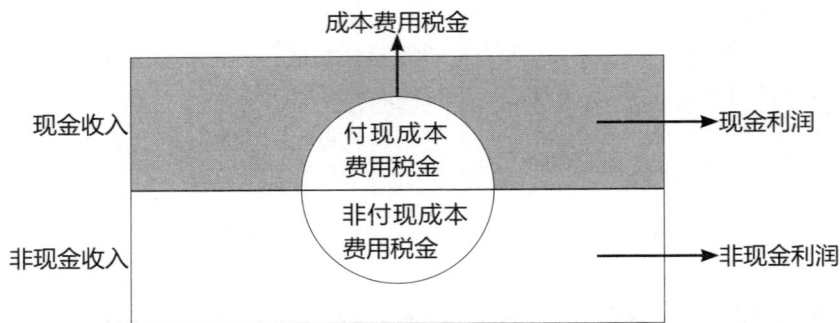

图 5-6　净现金流与净利润关系图

当然，由于我国的会计法律法规中，还没有明确界定现金利润和非现金利润这样的概念，公式中的净现金流并不单纯指经营活动中的现金流量净额，而是指总的现金净增加额，并且现金流量表按规定是要分经营活动、投资活动和筹资活动来分别列示的，不能只汇总列示总的现金净增加额，因此，我们只要理解净现金流和净利润这两个概念并不是同一回事就行了。

一家公司的现金是怎样流动的

一般来说，公司里的现金就好像人体的循环系统一样，是在不断循环周转的，并且一家正常处于蓬勃发展时期的公司，它的现金会在这个循环流动的过程中发生增值。

由于工业企业相对于其他行业来说，它的生产经营比较全面，故而我以工业企业为例，用一张简单的图示，来说明现金在公司里循环流动的过程，如图 5-7 所示。

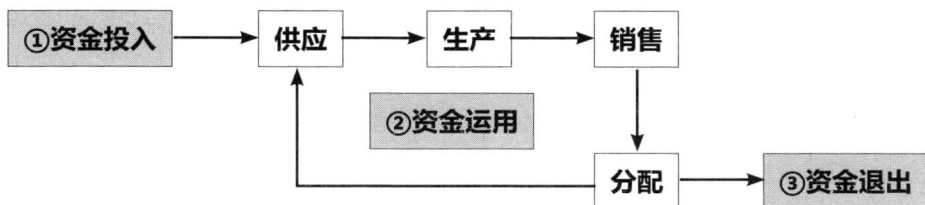

图 5-7　工业企业现金循环图

从图 5-6 中我们可以看到：

资金（在财务管理中又称"现金"）在企业中，一般都会经过投入、运用和退出这 3 个环节。其中，投入环节又称筹资，退出环节又称分配，中间的运用环节最复杂，在工业企业中，又可细分为供应、生产、销售这 3 个子环节。在正常经营的情况下，分配（退出）环节把经营成果所得到的资金分成两部分，一部分用于再投入，这部分资金就又回到了供应环节，周而复始地循环；另一部分则直接退出。资金在这个循环和周转的过程中会发生增值。

不同行业不同类型的公司中，最主要的区别就在于资金运用的环节。例如，商业企业在资金运用的环节中，只有供应和销售这两个子环节，而没有生产这个子环节。但是，资金投入、运用、退出这 3 个大的环节，仍然是有的。

速读现金流量表的方法

读现金流量表，就好像读一本书，不同的人，抱着不同的目的，在不同的条件下，可以有很多种读书的方法。挨个儿计算各种指标的方式太繁琐，这里主要介绍一种既快速又有效的方法，这种方法很适合出于各种目的，需要对财务报表进行重点分析的人。

例如，公司内部的管理者，必须掌握公司整体情况，才能满足管理决策的需要；再比如，对公司有投资意向的投资者，或者公司的债权人，也必须重点了解该公司的主要财务情况，才能做出明智的决定。

这种方法不需要太多的财务知识，一般人都能掌握，我们称它为"现金流速读法"。

现金流速读法具体可按以下步骤进行。

第一步，选取时间窗口。

尽量选取 5 年以上的时间窗口。因为观察的期间越长，越容易发现规律和异常现象。

第二步，全面收集信息。

尽可能将预定时间窗口内的现金流量表、利润表、资产负债表这核心三大报表，以及相关报表的补充资料，例如财务报表附注和财务情况说明书等，都做好全面收集。

第三步，归纳整理。

将现金流量表的核心数据做个整理，如表 5-9 所示。

表 5-9 B 汽车公司 2008 年～ 2017 年的现金流量表摘要　　　单位：亿元

年份	经营活动现金流量净额	投资活动现金流量净额	筹资活动现金流量净额
2008 年	11.69	−12.41	−5.32
2009 年	21.44	−7.97	−5.46
2010 年	23.43	−9.64	−4.92
2011 年	−5.6	−19.09	9.58
2012 年	15.1	−24.62	5.2
2013 年	13.94	−13.82	−0.97
2014 年	2.91	−7.37	−0.93
2015 年	8.4	−8.4	−1.11
2016 年	5.68	−0.21	−1.11
2017 年	22.85	−0.42	−20.44

第四步，标注"卦象"。

即用"☰、☷、☳、☵、☶、☴、☲、☱"这 8 个符号，分别标注出每一年现金流量表的"卦象"。若有现金流量净额为 0 的年份，在标注时统一默认为负。

以表 5-9 中 B 汽车公司的数据为例，标注后效果如表 5-10 所示。

表 5-10　B 汽车公司 2008 年～ 2017 年的现金流量表"卦象"

年份	现金流量表卦象	年份	现金流量表卦象
2008 年	☵	2013 年	☵
2009 年	☷	2014 年	☷
2010 年	☵	2015 年	☵
2011 年	☷	2016 年	☷
2012 年	☷	2017 年	☷

第五步，观察"卦象"，得出一个出现次数最多的基本卦象，暂称之为"基本型"。

以表 5-10 中 B 汽车公司的卦象为例，可得出这个"基本型"为"☷"，因为它在 2008 年 ~2017 年这 10 年间，就出现了 8 次，是出现次数最多的基本卦象。

第六步，解读"基本型"，获得公司现金流的基本特点。

观察 B 汽车公司近 10 年来的基本型"☷"，结合表 5-9 的现金流量表摘要数据，可以看出，B 汽车公司现金流的基本特点如下。

（1）经营现金流常年为较大的正数。说明 B 汽车公司的经营活动能产生较大的现金流入。

（2）投资现金流常年为净流出，其绝对值的平均值相对于经营现金流绝对值的平均值来说稍小，但近几年更小。说明 B 汽车公司决策层在前些年比较激进，有重大投资举措，但近些年却转为保守。

（3）筹资现金流常年也为净流出，其绝对值的平均值相对于经营现金流和投资现金流绝对值的平均值来说很小，但唯有最近一年即 2017 年突然跃增，它的筹资现金流净流出，即归还借款与支付股利之和，几乎相当于当年整个经营现金流净流入。这个异常现象值得重点关注。

（4）总体来说，B 汽车公司的现金流整体还是比较健康的。

第七步，根据卦象演变，推理异常年度卦象的成因。

观察 B 汽车公司如表 5-10 所示的卦象可发现，除基本型之外，有两个年份其卦象不是基本型，即 2011 年的"☷"型和 2012 年的"☵"型。

我们把前后年度的卦象单独拎出来观察。2010 年→2011 年→2012 年，现金流量表卦象的演变过程是这样的："☳"→"☷"→"☵"。

从卦象可以看出，筹资现金流由负转正，是这两年最大的变化之一。筹资现金流的净流入主要有以下可能成因：第一种可能，也是最常见的可能，就是造血功能出现问题，只好依靠外部输血来维持企业生命。也就是说，经营现金流产生不了净流入，于是公司只好向股东和债权人（例如银行等金融机构）伸手要钱来维持生存。第二种可能，就是企业有重大投资举措（例如新建厂房和生产线），经营现金流净流入不足以支撑投资所需要的现金流出。

接着，我们再来看投资现金流。从卦象上来看，其实投资现金流的方向一直没变，始终都是净流出。然而再看看表 5-9 的数据，就能发现这两年的投资活动现金净流量绝对值特别的大，分别是净流出 19.09 亿元和 24.62 亿元。

再一看经营现金流，2011 年它居然是净流出，而且竟然达到 −5.6 亿元！如果不向股东和债权人伸手要钱，这就是要现金流断裂、公司倒闭的节奏！可并没有，莫非它的股东和债权人真的是大力水手，关键时候力挽狂澜？2011 年和 2012 年筹资现金流净流入分别是 9.58 亿元和 5.2 亿元。从表面上来看，似乎真的是股东和债权人给力才使 B 汽车公司得以续命。

第八步，紧抓疑点，查找佐证，多方验证，得出最终判断。

既然前一年（即 2010 年）和后一年（2012 年）的经营现金流均为正数，而且绝对值相对来说均很大，分别是 23.43 亿元和 15.1 亿元，说明 B 汽车公司的主要产品在 2011 年过时退市的可能性很小。那为什么会产生 −5.6 亿元的经营现金流呢？难道是 2011 年老产品退市时，新产品正好迅速接上，并于

2012 年再次获得市场的青睐？

分析进行到了这里，方向就逐渐明朗了。接下来要做的事，一是查找 2011 年~2012 年 B 汽车公司关于产品更新换代方面的确凿证据，如果找到了，说明产品的更新换代就是 2011 年数据异常的成因。如果经查找，完全没有这方面的蛛丝马迹，就说明很可能是公司内部的人为因素造成的。我们可以结合三维立体财务报表观方面的知识，来分析 2011 年的财务报表是否存在变形。若排除了财务报表变形的可能性，那么重点关注是否是 B 汽车公司与同属于一个集团的其他公司之间存在着大量的关联交易。

第九步，结合各方面的分析结果，得出综合分析结论。

既然到了综合分析的阶段，就不能放过每一步中得到的线索，每条线索都可能会彻底改变我们最终的判断。在第六步，我们还观察到了另一个异常现象，就是筹资现金流唯有最近一年即 2017 年突然跃增，它的筹资现金流净流出，即归还借款与支付股利之和，几乎相当于当年整个经营现金流净流入。

筹资现金流的净流出一般是因为归还借款和支付股利这两个原因引起的。那究竟主要是前者还是后者呢？这个问题的查证相对而言就比较简单了，通过查看当年即 2017 年现金流量表的筹资现金流流入和流出的项目明细，就能得到答案。

综合以上各步骤所得到的结果，我们可以得出综合分析结论如下。

通过对 B 汽车公司最近 10 年的现金流量表数据的仔细分析，我们认为该公司总体经营稳健，现金流较健康，分红政策较为合理，总体管理层对现金流的把控较好，现金流断裂的风险较小。个别年份不排除公司内部为配合集团整体上市的计划，而存在一些使数据变形的人为干扰。最近 3 年该公司管理层的投资策略倾向保守。

管理者
14天轻松看透财报

6

怎么看所有者权益变动表和财务报表附注

所有者权益的来源包括所有者投入的资本、直接计入所有者权益的利得和损失、留存收益等。所有者权益变动表是一张反映构成所有者权益的各组成部分增减变动情况的报表。

通过全面描述所有者权益的变动情况，所有者权益变动表能对资产负债表中的所有者权益的具体内容做出完整的补充说明，以帮助投资者进一步了解企业所有者权益的状况和所有者权益增减变动的根源。而财务报表附注是财务报告的重要组成部分。

本章将为你介绍所有者权益变动表和财务报表附注的主要内容。

【本章要点】

所有者权益包括哪些内容

所有者权益又称净资产或股东权益，是指企业资产扣除负债之后，所有者享有的剩余权益。反映所有者投入资本的保值增值情况。

所有者权益的来源包括所有者投入的资本、留存收益、直接计入所有者权益的利得和损失等。

1. 所有者投入的资本

（1）实收资本（股本）

"实收资本"是企业实际收到的投资者投入的资本额，即注册资本中企业实际收到的部分。在股份制企业，这个项目叫做"股本"。

对于注册资本的相关处理，包括增资、减资、股权交易等，必须由股东会决议。

（2）资本公积——资本溢价

"资本公积——资本溢价"记录的是投资资本超过注册资本部分的金额。资本溢价属于全体股东共同所有，企业管理层无权处分。

"资本公积——资本溢价"可用于转增注册资本，但必须由股东会决议，企业管理层无权决定。

同时"资本公积——资本溢价"若为负数，则不能转入注册资本。

2. 留存收益

（1）盈余公积

"盈余公积"是企业从税后利润中提取的用于企业未来发展的基金。它可以分为法定盈余公积和任意盈余公积两部分。

根据《公司法》的相关规定，法定盈余公积按照公司税后利润的10%提取，但累计达到公司注册资本的50%以上时，可以不再提取；任意盈余公积则按照股东会决议的结果进行提取。

盈余公积的使用可由企业管理层（如董事会）提出方案，股东会审议批准。

（2）本年利润

"本年利润"是一个过渡账户，用来归集一年内的损益，年末会转入"利润分配——未分配利润"账户。

（3）利润分配——未分配利润

"利润分配——未分配利润"账户用来归集企业暂未决定处理意见的累积利润或亏损。

利润分配也由企业管理层（如董事会）提出方案，股东会审议批准。

3. 直接计入所有者权益的利得和损失

"其他综合收益"账户核算直接计入所有者权益的利得和损失。过去这项内容主要计入"资本公积——其他资本公积"，按照企业会计准则新规定，将其从资本公积中分离出来，故而是一个新设立的科目。

关于注册资本认缴制的规定

2014年1月1日起，工商部门对新设立企业注册资本由原来的实缴制转变为认缴制。注册资本认缴制是我国工商登记制度的一项重要改革。

1. 公司创立阶段

在注册资本认缴制下，工商部门只登记企业认缴的注册资本总额，无需登记实收资本；股东出资的数额、比例和期限均由股东自主决定，报工商行政管理机关备案即可；原来的企业年检制度改为年度报告制度。

在年度报告制度下，政府将企业登记备案、年度报告、资质资格等通过市场主体信用信息系统予以公示，任何单位和个人均可查询。

由于公司的股东与其所设立的公司是投资与被投资的股权关系，因此公司制企业在注册资本认缴制下进行实收资本的账务处理与原来的实缴制下有所不同，如表 6-1 所示。

表 6-1　注册资本认缴制与实缴制账务处理　　　单位：万元

事　项	认缴制	实缴制
认缴投资款时	借：其他应收款 　贷：实收资本	借：银行存款 　贷：实收资本
收到投资款时	借：银行存款 　贷：其他应收款	

如果认缴出资的股东在公司章程规定的年限未出资，公司或已尽出资义务的股东可以根据公司章程将未尽出资义务的股东进行撤资处理。

如果投资者只认缴，而一直未能缴清出资款，公司或其他股东亦未提出异议，其他应收款可以挂账。由于投资者认缴时投资额已经计入了实收资本，因此挂账的应收款对公司的财务状况不会有实质性的影响。

2. 公司运营阶段

公司在运营阶段实收资本一般是不发生变动的，公司按照公司章程的规定要按期支付一定数额的利润给股东。

在注册资本认缴制下，如果股东的出资全部到位，公司向股东分配利润的一般依据是股东的出资比例；如果股东的出资不到位，可以根据《公司法》相关规定处理，情况如下。

有限责任公司的股东未履行或未全面履行出资义务，除应当向公司足额缴纳外，还应当向"已按期足额缴纳出资"的股东承担违约责任。

在注册资本认缴制下，如果股东未履行或者未全面履行出资义务，虽然未履行或未全面履行出资义务的股东仍可以根据认缴的出资比例参与利润的分配，但公司也可以根据章程对未履行或未全面履行出资义务股东的利润分配请求权、新股优先认购权、剩余财产分配请求权做出限制。

3. 公司解散阶段

公司解散是指公司经营活动终止时对公司财产进行清算的活动。公司解散的直接法律后果是公司清算。

公司清算是指企业按章程规定解散以及由于破产或其他原因宣布终止经营后，对企业的财产、债权、债务进行全面清查，并进行收取债权、清偿债务和分配剩余财产的经济活动。

在注册资本认缴制下，公司清算中可能会涉及未履行或未全面履行出资义务股东的清算问题。按照《公司法》的规定，公司解散时，股东到期尚未缴纳的出资，应该作为公司的清算财产，股东按照出资的比例参与剩余财产的分配。公司进行清算时，如果公司的财产不足以清偿债务，则债权人有权主张尚未缴纳出资的股东在未缴纳出资的范围内对公司的债务承担连带清偿责任。

什么是其他综合收益

2014 年修订的《企业会计准则第 30 号——财务报表列报》决定增设"其他综合收益"科目，并采用列举的方式列举了其他综合收益项目涵盖的内容。

以下原在"资本公积——其他资本公积"科目下核算的内容，改为在"其他综合收益"科目下核算。

（1）可供出售金融资产，除减值损失和外币货币性金融资产形成的汇兑差额外，因其公允价值变动而形成的利得或损失。

（2）可供出售外币非货币性项目汇兑差额形成的利得和损失。

（3）金融资产重分类形成的利得和损失。

（4）存货或自用房地产转换为以公允价值计量的投资性房地产，转换日公允价值高于账面价值的差额。

（5）与计入所有者权益项目相关的所得税影响所形成的利得和损失。

（6）现金流量套期工具产生的利得和损失中属于有效套期的部分。

（7）权益法下被投资单位的所有者权益变动。

修订的准则中所列举的其他综合收益除了原在"资本公积——其他资本公积"下核算的直接记入所有者权益的利得和损失之外，还包括：

1. 外币报表折算差额

外币报表折算差额指原在所有者权益项目下单独作为"外币报表折算差额"项目列示的内容。

2. 重新计量设定受益计划净负债或净资产导致的变动

重新计量设定受益计划净负债或净资产导致的变动，指对按照修订的《企业会计准则第9号——职工薪酬》中，有设定受益计划形式离职后福利的企业，因重新计量设定受益净负债或净资产的金额而导致的变动。

但是，被投资单位接受其他股东的资本性投入，以及以权益结算的股份支付形成的所有者权益变动，仍在"资本公积——其他资本公积"下核算；另外，企业发行的可转换公司债券初始确认中分拆出的权益成份的公允价值，由确认为"资本公积——其他资本公积"，改为"其他权益工具"。

可见在具体内容上，其他综合收益与原来"资本公积——其他资本公积"核算的内容虽有一定的交集，但并不完全重合。

关于盈余公积的规定

根据《公司法》的规定，公司的公积金用于弥补公司的亏损、扩大公司生产经营或者转为增加公司资本。公积金包括资本公积和盈余公积，但是资本公积不得用于弥补公司的亏损，而盈余公积可以。

盈余公积又可分为法定盈余公积和任意盈余公积。

公司分配当年税后利润时，应依法提取税后利润 10% 的部分作为法定盈余公积。其累计金额为公司注册资本的 50% 以上的，可以不再提取。

公司从税后利润中提取法定盈余公积后，经股东会决议，还可以从税后利润中提取任意盈余公积。

法定盈余公积与任意盈余公积的区别在于，前者由法律规定提取，后者由公司自行决定提取。

以盈余公积转增资本，应当以股东会决议为准，可以用法定盈余公积转增，也可以用任意盈余公积转增。但是，法定盈余公积转增后，其余额不得少于转增前注册资本的 25%；而任意盈余公积的转增完全由企业自行决定，法律不做限制。

利润分配的方式有哪些

企业利润分配的整个过程如下。

公司的税后利润必须要提 10% 的法定盈余公积，除非公司的法定盈余公积已经达到公司的注册资本的 50%；然后可以用来弥补之前 5 年的亏损；剩下的还可提取任意盈余公积；最后再向股东进行利润分配。

下面，我们来讨论最后这一步，向股东进行利润分配的方式选择问题，即企业应如何决定股利政策。

在我国现阶段，企业股利支付形式主要是现金股利和股票股利。对中小企业来说，现金股利最为常见。股利政策主要指企业是否发放股利、何时发放股利、发放多少股利以及选择以何种支付形式发放股利等。

先请大家看图 6-1，即著名的波士顿矩阵。

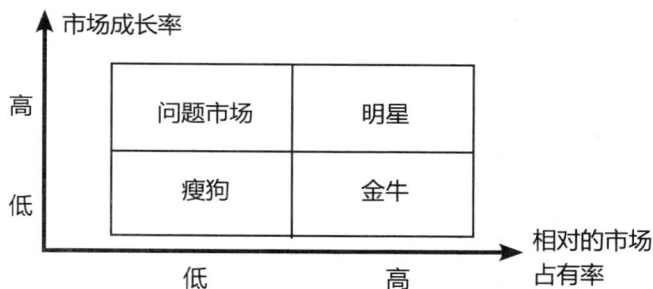

图 6-1　波士顿矩阵图

1970 年，美国著名管理学家布鲁斯·亨德森首创波士顿矩阵（BCG Matrix），来评估项目的投资价值。他以横轴表示市场占有率，纵轴表示企业销售增长率，将坐标图划分为 4 个象限，依次为"问号（？）"象限、"明星（★）"象限、"现金牛（¥）"象限、"瘦狗（×）"象限。

问号项目。问号（Question Marks），用"？"表示，意为高增长、低市场份额。问号项目需要投入资金，目标是成长为明星项目，但前景未卜。

明星项目。明星（Stars），用"★"表示，意为高增长、高市场份额。明星项目即将成为现金牛项目，需要投入大量资金，前景很好。

现金牛项目。现金牛（Cash cows），用"¥"表示，意为低增长、高市场份额。现金牛项目已到"收割期"，少量投入即可维持目前的市场份额，并收割现金。

瘦狗项目。瘦狗（Dogs），用"×"表示，意为低增长、低市场份额。

瘦狗项目没有前景，需要清算退出。

看到这里我们会发现，投资者可以运用波士顿矩阵来分析是否需要投资某个项目（或被投资企业），这是站在股东的角度。

那么，如果我们反过来换一个角度，是不是也可以站在被投资企业的角度来分析如何给股东分配利润呢？我认为是可以的。

作为一个问号项目的企业，股东既然投资它，就说明股东并不急于收割现金，而是期待它成长为明星企业，所以企业可以尽可能不发放现金股利。

作为一个明星项目的企业，它的高市场份额和高增长决定了它的融资渠道将会比较多元，原有的股东可能会希望收割部分现金，并且企业也有能力支付股利，虽然资金需要量大，但更倾向于债务融资而不是股权融资以利用财务杠杆效应，因此企业可以支付适量现金股利。

作为一个现金牛项目的企业，已经可以用少量的投资带来高额的回报，股东通常会要求"挤奶"，即收割现金。此时企业已经积累了大量的资金，所以可以支付高现金股利。

作为一个瘦狗项目的企业，前景暗淡，企业也没有能力支付较多现金，所以尽量不支付现金股利，或只支付低现金股利，或用前期积累的资本公积转增注册资本。

所有者权益变动表的格式和逻辑

所有者权益变动表（又称为股东权益变动表），是一张反映构成所有者权益的各组成部分增减变动情况的报表。所有者权益变动表在内容上可以分为左右两边，左边反映本年度所有者权益变动，右边反映上一年度所有者权益变动，如图 6-2 所示。

所有者权益变动表

年

会企04表
单位: 元

项目	本年金额										上年金额									
	实收资本（或股本）	其他权益工具			资本公积	减:库存股	其他综合收益	盈余公积	未分配利润	所有者权益合计	实收资本（或股本）	其他权益工具			资本公积	减:库存股	其他综合收益	盈余公积	未分配利润	所有者权益合计
		优先股	永续债	其他								优先股	永续债	其他						
一、上年末余额																				
加: 会计政策变更																				
前期差错更正																				
其他																				
二、本年期初余额																				
三、本年增减变动金额（减少以"–"填列）																				
(一) 综合收益总额																				
(二) 所有者投入和减少资本																				
1. 所有者投入的普通股																				
2. 其他权益工具持有者投入资本																				
4. 其他																				
(三) 利润分配																				
1. 提取盈余公积																				
2. 对所有者（或股东）的分配																				
3. 其他																				
(四) 所有者权益内部结转																				
1. 资本公积转增资本（或股本）																				
2. 盈余公积转增资本（或股本）																				
3. 盈余公积弥补亏损																				
4. 其他																				
四、本年末余额																				

图6-2 所有者权益变动表格式

如图6-2所示即为所有者权益变动表。它看上去挺复杂，但它的逻辑其实并不难。

所有者权益变动表在结构上分为横纵两个坐标系。横坐标有 7 个内容坐标，分别是实收资本、其他权益工具、资本公积、库存股、其他综合收益、盈余公积和未分配利润；纵坐标有若干个变化项目坐标。横纵坐标的交点就揭示了有关横坐标的 7 部分内容在所属年度内变化的原因。

不过，由于所有者投入或减少资本不会对盈余公积和未分配利润产生影响，会计政策和差错更正也很少会对实收资本产生影响，所以位于这些交点上的单元格一般无数据；但利润分配则注定会影响盈余公积和未分配利润的内容。

所有者权益变动表能帮助投资者进一步了解企业所有者权益的状况和所有者权益增减变动的根源。

某些特殊的已确认未实现的利得和损失不能在利润表中列示，而只在资产负债表中的所有者权益中确认，例如企业接受捐赠等直接形成资本公积的金额。所有者权益变动表通过全面描述所有者权益的变动情况，能够对资产负债表中的所有者权益的具体内容做出完整的补充说明。

同时，由于企业在年末往往会对未分配利润进行如按照 10% 计提法定盈余公积、弥补以前年度亏损、计提任意盈余公积、分配股利等会计处理，造成年报利润表的净利润数字不等于资产负债表期初未分配利润和期末未分配利润的差额。有了所有者权益变动表，使用者就能明白这部分净利润的去向。

财务报表附注一般包括哪些内容

根据《企业会计准则》的相关规定，财务报表附注一般应当按照下列顺序披露。

◆ 关于至少应当披露的事项

1. 企业的基本情况。

（1）企业注册地、组织形式和总部地址。

（2）企业的业务性质和主要经营活动。

（3）母公司以及集团最终母公司的名称。

（4）财务报告的批准报出者和财务报告批准报出日，或者以签字人及其签字日期为准。

（5）营业期限有限的企业，还应当披露有关其营业期限的信息。

2. 财务报表的编制基础。

3. 遵循企业会计准则的声明。

企业应当声明编制的财务报表符合企业会计准则的要求，真实、完整地反映了企业的财务状况、经营成果和现金流量等有关信息。

4. 重要会计政策和会计估计。

重要会计政策的说明，包括财务报表项目的计量基础和在运用会计政策过程中所做的重要判断等。重要会计估计的说明，包括可能导致下一个会计期间内资产、负债账面价值重大调整的会计估计的确定依据等。

企业应当披露采用的重要会计政策和会计估计，并结合企业的具体实际披露其重要会计政策的确定依据和财务报表项目的计量基础，及其会计估计所采用的关键假设和不确定因素。

5. 会计政策和会计估计变更以及差错更正的说明。

企业应当按照《企业会计准则第 28 号——会计政策、会计估计变更和差错更正》的规定，披露会计政策和会计估计变更以及差错更正的情况。

6. 报表重要项目的说明。

企业应当按照资产负债表、利润表、现金流量表、所有者权益变动表及其项目列示的顺序，对报表重要项目的说明采用文字和数字描述相结合的方式进行披露，报表重要项目的明细金额合计，应当与报表项目金额相衔接。

企业应当在附注中披露费用按照性质分类的利润表补充资料，可将费用分为耗用的原材料、职工薪酬费用、折旧费用、摊销费用等。

7. 或有和承诺事项、资产负债表日后非调整事项、关联方关系及其交易等需要说明的事项。

8. 有助于财务报表使用者评价企业管理资本的目标、政策及程序的信息。

◆ 关于其他综合收益

企业应当在附注中披露下列关于其他综合收益各项目的信息。

1. 其他综合收益各项目及其所得税影响。

2. 其他综合收益各项目原计入其他综合收益、当期转出计入当期损益的金额。

3. 其他综合收益各项目的期初和期末余额及其调节情况。

企业应当在附注中披露终止经营的收入、费用、利润总额、所得税费用和净利润，以及归属于母公司所有者的终止经营利润。

终止经营是指满足下列条件之一的已被企业处置或被企业划归为持有待售的、在经营和编制财务报表时能够单独区分的组成部分。

1. 该组成部分代表一项独立的主要业务或一个主要经营地区。

2. 该组成部分是拟对一项独立的主要业务或一个主要经营地区进行处置计划的一部分。

3. 该组成部分是仅仅为了再出售而取得的子公司。

◆ 关于股利分配政策

企业应当在附注中披露在资产负债表日后、财务报告批准报出日前提议或宣布发放的股利总额和每股股利金额（或向投资者分配的利润总额）。

管理者读懂指标
看懂公司是否赚钱

财务管理中存在的杠杆效应包括经营杠杆、财务杠杆和总杠杆，利用好杠杆效应，可以产生杠杆利益，起到四两拨千斤的作用；但若使用得不好，也会放大风险。

周转率是衡量企业营运能力的关键；杜邦金字塔分析法是财务界最经典的财报综合分析方法。

通过认真学习本章，你可以对财务报表进行综合分析。

【本章要点】

经营杠杆怎样放大利润变动

阿基米德曾经说过："给我一个支点，我可以撬动地球。"这句话是对物理学中杠杆效应的完美诠释。

财务管理中也有类似的杠杆效应，我们可以这样阐释：

杠杆效应是指只要企业中存在固定成本，那么当某一财务变量以较小幅度变动时，另一相关财务变量就会以较大幅度变动的现象。杠杆效应是一把双刃剑，它既可以产生杠杆利益，也可能带来杠杆风险。下面我们依次介绍经营杠杆、财务杠杆和总杠杆这 3 种杠杆效应。

经营杠杆是指由于固定经营成本的存在，而使得企业的息税前利润（以下简称利润）变动率大于产销业务量（以下简称业务量）变动率的现象。

【提示】什么是息税前利润

息税前利润，是指用企业的净利润加上所得税费用和债务利息费用所得到的利润。由于债务利息费用的金额约等于财务费用，所以这里所说的利润就相当于用多步法管理利润表中最终一步算得的净利润，反过来重新加上之前计算时扣除的所得税费用和财务费用的金额之和。简单理解也就是息前和税前利润，简称息税前利润。

【提示】什么是产销业务量

产销业务量，其实就是产量与销量的统称。财务管理中，为了便于分析，常常对产量和销量不加区分，认为二者近似相等，简称业务量。

用来衡量经营杠杆效应大小的指标，通常被称作经营杠杆系数，其英文缩写可表示为 DOL，它的定义是利润变动率与业务量变动率的比值，即：DOL = 利润变动率 / 业务量变动率。

假设某公司只生产一种产品，第一年销售收入 5 000 万元，变动经营成本 3 500 万元，息税前利润 1 000 万元；第二年销售收入 7 000 万元，变动经营成本 4 900 万元，息税前利润 1 600 万元。两年的固定经营成本均为 500 万元，销售单价不变，那么该公司的经营杠杆系数为多少呢？

我们来试着计算：

第一步，利润变动率=（第二年息税前利润－第一年息税前利润）/第一年息税前利润×100%=（1 600-1 000）/1 000×100%=60%。

第二步，业务量变动率=（第二年业务量－第一年业务量）/第一年业务量×100%=（第二年销售收入－第一年销售收入）/第一年销售收入×100%=（7 000-5 000）/5 000×100%=40%。

第三步，经营杠杆系数 DOL=[（1 600-1 000）/1 000] / [（7 000-5 000）/5 000]=60%/40%=1.5。

可以看出，该公司业务量增长了40%，息税前利润增长了60%，产生了1.5倍的经营杠杆效应。

【提示】为什么经营成本可以分成变动经营成本和固定经营成本

经营成本是财务管理中的概念，我们可以把它近似地理解为企业除财务费用之外的成本费用。根据经营成本是否随业务量的变动而变动，我们可以把它拆解为变动经营成本和固定经营成本。

为了进一步说明经营杠杆系数的影响因素，我们可以做如下推导。

根据常识，利润=销售收入－变动经营成本－固定经营成本。

其中，由于销售收入=销售单价×业务量，且变动经营成本=单位变动经营成本×业务量，故提取公因式，利润=（销售单价－单位变动经营成本）×业务量－固定经营成本。

那么，经营杠杆系数 DOL=利润变动率/业务量变动率

=[（本期利润－基期利润）/基期利润]/[（本期业务量－基期业务量）/基期业务量]

=[（本期利润－基期利润）×基期业务量]/[（本期业务量－基期业务量）×基期利润]

上式经一系列整理后，可以简化为：

经营杠杆系数 DOL=［基期利润 + 基期固定经营成本］/ 基期利润

=1+ 基期固定经营成本 / 基期利润

所以，一般情况下，由于基期固定经营成本和基期息税前利润为正，故经营杠杆系数总是大于 1；并且基期固定经营成本越大，经营杠杆效应越大；基期息税前利润越大，经营杠杆效应越小，而且越来越接近于 1。

同时，由于息税前利润同时由销售单价、业务量、单位变动经营成本和固定经营成本共同决定，根据前面推导出来的利润公式可知，销售单价和业务量对息税前利润有正向的影响，而单位变动经营成本和固定经营成本对息税前利润有反向的影响，故而经营杠杆系数也受这些因素的影响。具体说来，经营杠杆系数与销售单价和业务量的变动方向相反，但与单位变动经营成本和固定经营成本的变动方向相同。

财务杠杆怎样放大每股收益变动

接下来我们再看看什么是财务杠杆。

财务杠杆是指由于固定资本成本的存在，而使得企业的普通股每股收益变动率大于息税前利润变动率的现象。

【提示】什么是普通股收益和普通股每股收益

普通股收益就是普通股股利，又称普通股盈余。它是与优先股股利相对的概念。换句话说，企业的净利润除去给优先股股东发的优先股股利，剩余的就是普通股股利。

所以，顾名思义，普通股每股收益就是平均每一股普通股的收益，也就是用普通股收益除以普通股股数。

根据定义，普通股收益 =（息税前利润 - 债务利息费用）×（1 - 所得税税率）- 优先股股利。

所以，普通股每股收益 = 普通股收益 / 普通股股数 =［（息税前利润 - 债务利息费用）×（1 - 所得税税率）- 优先股股利］/ 普通股股数。

有了这些知识的储备，再来理解财务杠杆系数就比较容易了。

用来衡量财务杠杆效应大小的指标，通常被称作财务杠杆系数，其英文缩写可表示为 DFL，它的定义是：普通股每股收益（以下简称每股收益）变动率与息税前利润（以下简称利润）变动率的比值，即：DFL = 每股收益变动率 / 利润变动率。

=［（本期每股收益 - 基期每股收益）/ 基期每股收益］/［（本期利润 - 基期利润）/ 基期利润］

=［（本期每股收益 - 基期每股收益）× 基期利润］/［（本期利润 - 基期利润）× 基期每股收益］

上式经一系列整理后，可以简化为：

财务杠杆系数 DFL = 基期利润 /（基期利润 - 基期债务利息费用）

= 1 + 基期债务利息费用 /（基期利润 - 基期债务利息费用）

所以，一般情况下，由于基期债务利息费用（又称固定资本成本）为正且小于基期利润，故财务杠杆系数总是大于 1；并且基期债务利息费用越大，财务杠杆效应越大；基期利润越大，财务杠杆效应越小，而且越来越接近于 1。

同时，由于息税前利润同时由销售单价、业务量、单位变动经营成本和固定经营成本共同决定，根据利润公式可知，销售单价和业务量对息税前利润有正向的影响，而单位变动经营成本和固定经营成本对息税前利润有反向的影响，故而财务杠杆系数也受这些因素的影响。

具体说来，财务杠杆系数与销售单价和业务量的变动方向相反，但与单位变动经营成本和固定经营成本的变动方向相同。

总杠杆系数如何计算

如果企业有固定经营成本，就会产生经营杠杆效应，表现为息税前利润变动率大于业务量变动；如果企业有固定资本成本，就会产生财务杠杆效应，表现为普通股每股收益变动率大于息税前利润变动率。如果一个企业既有固定经营成本，又有固定资本成本，那么经营杠杆和财务杠杆就会联合发生作用，这样产生的杠杆效应就称为总杠杆效应。也就是说，总杠杆是指由于固定经营成本和固定资本成本的存在，导致普通股每股收益变动率大于业务量变动率的现象。

用来衡量总杠杆效应大小的指标，通常被称作总杠杆系数，其英文缩写可表示为 DTL，它的定义是普通股每股收益（以下简称每股收益）变动率与业务量变动率的比值，即：

总杠杆系数 DTL = 每股收益变动率 / 业务量变动率

分子分母同时除以利润变动率，则有：

总杠杆系数 DTL =（每股收益变动率 / 利润变动率）×（利润变动率 / 业务量变动率）

所以，总杠杆系数 DTL = 经营杠杆系数 DOL × 财务杠杆系数 DFL

=（基期利润 + 基期固定经营成本）/ 基期利润 × 基期利润 /（基期利润 − 基期固定资本成本）

=（基期利润 + 基期固定经营成本）/（基期利润 − 基期固定资本成本）

一般情况下，利润、固定经营成本和固定资本成本均为正，且利润大于固定资本成本。因此，总杠杆效应的放大效果等于经营杠杆效应和财务杠杆效应二者的叠加。

因为前面我们已经推导出，基期固定经营成本对经营杠杆有正向影响，基期固定资本成本对财务杠杆有正向影响，而基期息税前利润对经营杠杆和财务杠杆都有反向影响，既然总杠杆系数等于经营杠杆系数和财务杠杆系数二者的乘积，所以基期固定经营成本和基期固定资本成本都对总杠杆有正向影响，而基期息税前利润对总杠杆有反向影响。

由于经营杠杆系数和财务杠杆系数一般均大于1，故总杠杆系数也大于1。

为什么说杠杆效应是一把双刃剑

认识了杠杆效应，我们就可以用它来衡量企业的风险收益水平。

总的来说，为了兼顾风险和收益，保证企业的稳健持续发展，如果总杠杆系数过高，说明企业的整体风险水平过高，管理者就应当保持警觉，适当调低经营杠杆和财务杠杆；如果企业的整体收益水平过低，管理者则可适当调高经营杠杆或财务杠杆。

对杠杆效应的把握需要考虑行业因素的影响。

如果按照资本和劳动力这两种要素的相对比率大小来划分行业类型，可以粗略区分出资本密集型行业和劳动密集型行业，资本密集型行业的资本与劳动力相对比率，大于劳动密集型行业的资本与劳动力相对比率。所以，总的来说，典型的资本密集型行业一般经营杠杆高，为了控制企业的整体风险，财务杠杆就不宜太高，例如重工业；典型的劳动密集型行业一般经营杠杆低，为了提高企业的收益水平，财务杠杆可以适当高一些，例如商品流通业。

另外，企业在不同发展阶段，对杠杆效应的利用也不尽相同。

以工业企业为例，假设初创期持续投入费用，初创期与成长期的分野在于利润越过了盈亏临界点后继续增长；成熟期收入和利润基本稳定，即使有波动也很小；衰退期收入持续减少，不难做出以下分析。

初创期，企业产销业务量很小，根据息税前利润的计算公式：利润 =（销售单价 − 单位变动经营成本）× 业务量 − 固定经营成本，可知在其他因素同等的情况下，利润很低；再根据经营杠杆系数的计算公式：经营杠杆系数 DOL=1+ 基期固定经营成本 / 基期利润，可知固定经营成本同等，而业务量为零时，利润 =− 固定经营成本，此时经营杠杆系数为零；随着业务量的逐渐增加，利润将逐渐从负数趋近于零，此时经营杠杆系数则会趋近于负无穷；当利润刚好等于零时，经营杠杆系数为正无穷；随着业务量的继续增加，经营杠杆系数将从正无穷逐渐减小，如图 7-1 所示。

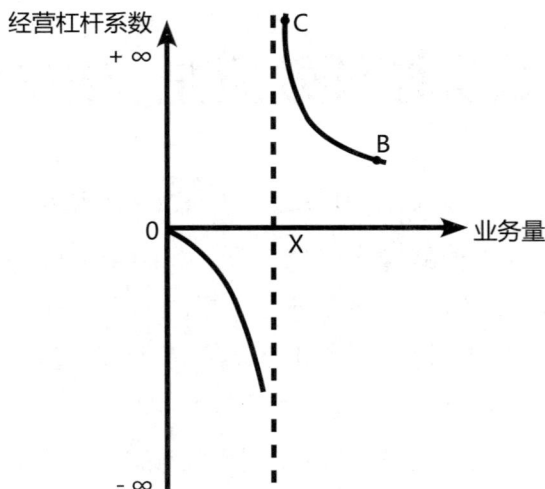

图 7-1　公司初创期经营杠杆系数与业务量的关系

理论上如果业务量的增长没有穷尽，经营杠杆系数将无限接近于 1，但是实际上由于市场空间有限，业务量总有极限，所以到了成熟期后，业务量将较为稳定，在销售单价、单位变动经营成本、固定经营成本一定的情况下，经营杠杆系数就将稳定在一个大于 1 的数值上。

换一种方法，如果我们令经营杠杆系数等于 1，那么固定经营成本就必须等于零。而对于工业企业来说，厂房和设备是生产的先决条件，固定经营成本必然不等于零，这也解释了为什么经营杠杆系数在资本密集型行业中不等于 1 的原因。

综上所述，为了兼顾风险和收益，对于工业企业来说，在初创期，当业务量为零时，经营杠杆系数也为零，此时不论财务杠杆系数数值是多少，总杠杆系数由于等于二者的乘积，故也为零。当业务量逐渐增长，还没有增长到盈亏平衡点时，经营杠杆系数负得越来越厉害，到达利润刚好等于零的盈亏平衡点时，经营杠杆系数突变为无穷大，此时不论财务杠杆系数数值是多少，总杠杆系数也是无穷大，此时杠杆效应无穷大，所以风险收益无穷大。此后，业务量继续增长，经营杠杆系数逐渐减小而趋近于 1，所以可以在经营杠杆系数接近于 1，业务量稳定时，适当提高财务杠杆系数，以此提高每股收益。

刚才分析的是从初创期、成长期发展到成熟期的工业企业。那么，如果业务量开始逐渐下降，这说明产品开始过时，如果没有适销对路的新产品的生产能力，企业进入衰退期时，又该怎么办呢？

其实很简单，我们再看看图 7-1 就可以知道，这种情况就是说随着业务量的逐渐下降，经营杠杆系数开始从 B 点向 C 点的方向移动而趋于正无穷。在这段时期经营杠杆在迅速提高，所以我们就应当逐渐降低财务杠杆。

如果管理者没有注意到杠杆的作用，或者反其道而行之，轻则会使普通股股东收益过低，重则会使杠杆风险过大，一旦企业无力承受，就很可能导致非常严重的失败。

所以说，杠杆效应是一把双刃剑，管理者一定要重视杠杆的作用，善用杠杆效应。

从周转率看公司营运能力

营运能力，全称是"经营运行能力"，也就是指企业运用资产的效率高低。

举个例子,如果你将全部积蓄 10 000 元钱用于养母鸡,打算以卖鸡蛋为生,一年下的蛋若刚好卖了 10 000 元,那么你的鸡场一年就只做了一趟生意;如果老王也拿 10 000 元同样用于养母鸡,他的鸡场一年产下的蛋却卖了 30 000 元,也就是说老王的鸡场一年做了 3 趟生意。

换句话说,你的资产一年帮你做了几趟生意,这就是周转率(又称周转次数,下同);而周转期(又称周转天数,下同)则是反过来算,即做一趟生意需要花你多久的时间。由于通常习惯把时间用天数来表示,因此再将年数换算成天数,也就是再乘以"365 天/年",就能得到周转期。

周转率。某项资产的周转率就是用一年的营业收入除以这项资产在这一年内的平均金额所得到的次数,而这个平均金额是用该项资产期初金额与期末金额之和除以 2 得到的。

周转期。某项资产的周转期就是这项资产在一年内的平均金额除以这一年的营业收入再乘以"365 天/年"所得到的天数。

由此,我们可以将衡量企业营运能力的关键指标的计算公式列出,如表7-1 所示。

表 7-1　企业营运能力关键指标表

资产项目	指　标	公　式	关　系
总资产	总资产周转率	营业收入/平均总资产	二者成反比关系
	总资产周转期	365/总资产周转率	
固定资产	固定资产周转率	营业收入/平均固定资产	二者成反比关系
	固定资产周转期	365/固定资产周转率	
流动资产	流动资产周转率	营业收入/平均流动资产	二者成反比关系
	流动资产周转期	365/流动资产周转率	
应收账款	应收账款周转率	营业收入/平均应收账款	二者成反比关系
	应收账款周转期	365/应收账款周转率	
存货	存货周转率	营业成本/平均存货	二者成反比关系
	存货周转期	365/存货周转率	

细心的读者可能会注意到，其他的资产项目都是用营业收入作为周转率的分子，可偏偏存货周转率采用的分子却是营业成本，这是为什么呢？

因为在会计处理上，存货在被出售之后，就变成了营业成本，所以，使用营业成本与存货的比值来计算存货周转率，就成了约定俗成的方式了，大家都这么干。

【案例分析】——魅嘉家具公司和××家具公司营运能力分析

从魅嘉家具公司和××家具公司的利润表和资产负债表采集到 2017 年的数据见表 7-2：

表 7-2　魅嘉家具公司和××家具公司 2017 年的财务数据

公司	2017 年	2017 年期初		2017 年期末	
魅嘉家具公司	营业收入 2 097 180 000 营业成本 1 282 040 000	应收账款 存货 流动资产 固定资产 资产总额	33 877 817 170 725 750 973 197 870 398 777 703 1 771 932 470	应收账款 存货 流动资产 固定资产 资产总额	115 251 568 194 343 477 1 270 423 939 549 174 422 2 103 602 812
××家具公司	营业收入 6 665 440 000 营业成本 4 181 980 000	应收账款 存货 流动资产 固定资产 资产总额	340 975 820 683 492 122 3 785 411 599 1 058 523 279 5 219 640 843	应收账款 存货 流动资产 固定资产 资产总额	427 674 039 878 361 478 4 237 897 156 1 156 797 505 6 560 921 484

下面我们来计算魅嘉家具公司和××家具公司的各项周转率指标。

1. 总资产周转率

魅嘉家具公司 2017 年总资产周转率 = 营业收入 / 平均总资产

$$=2\ 097\ 180\ 000/[（1\ 771\ 932\ 470+2\ 103\ 602\ 812）/2]$$

$$=2\ 097\ 180\ 000/1\ 937\ 767\ 641$$

$$=1.08$$

同理，可以算得：

××家具公司 2017 年总资产周转率 = 6 665 440 000/[（5 219 640 843+ 6 560 921 484）/2]

=6 665 440 000/5 890 281 163.5

=1.13

"周转率越大越好，周转期越小越好"这句话没错，但是在理解它的时候，还是需要留意行业因素。

总的来说，典型的资本密集型行业一般总资产周转率小于1，例如重工业；典型的劳动密集型行业的总资产周转率则一般大于2，例如商品流通业。

而案例中的两家家具制造公司，则是介于典型的资本密集型行业和典型的劳动密集型行业两者之间，所以，总资产周转率在1和2之间是正常的现象。其中，魅嘉家具公司的总资产周转率为1.08，小于××家具公司的1.13，因此说明魅嘉家具公司的总体营运能力还有上升空间。

2. 固定资产周转率

魅嘉家具公司 2017 年固定资产周转率 = 营业收入 / 平均固定资产

=2 097 180 000/ [（398 777 703+549 174 422）/2]

=2 097 180 000/473 976 062.5

=4.42

同理，可以算得：

××家具公司2017年固定资产周转率 = 6 665 440 000/ [（1 058 523 279+1 156 797 505）/2]

=6 665 440 000/1 107 660 392

=6.02

显然魅嘉家具公司的固定资产周转率低于××家具公司的固定资产周转率，这说明魅嘉家具公司在固定资产利用效率上不如××家具公司。

3. 流动资产周转率

魅嘉家具公司 2017 年流动资产周转率 = 营业收入 / 平均流动资产

=2 097 180 000/〔（973 197 870+1 270 423 939）/2]

=2 097 180 000/1 121 810 904.5

=1.87

同理，可以算得：

××家具公司2017年流动资产周转率 = 6 665 440 000/〔（3 785 411 599+4 237 897 156）/2]

=6 665 440 000/4 011 654 377.5

=1.66

魅嘉家具公司的流动资产周转率稍高于××家具公司，这说明魅嘉家具公司在流动资产利用效率上比××家具公司好一点。

4. 应收账款周转率

魅嘉家具公司2017年应收账款周转率 = 营业收入 / 平均应收账款

=2 097 180 000/〔（33 877 817+115 251 568）/2]

=2 097 180 000/74 564 692.5

=28.13

同理，可以算得：

××家具公司2017年应收账款周转率 = 6 665 440 000/〔（340 975 820+427 674 039）/2]

=6 665 440 000/384 324 929.5

=17.34

为了便于理解，我们再接着来算应收账款周转期。

魅嘉家具公司2017年应收账款周转期 =365/ 应收账款周转率 =365/28.13=13（天）

××家具公司2017年应收账款周转期 =365/ 应收账款周转率 =365/

17.34=21（天）

到这里，我们就能够清楚地看出，魅嘉家具公司的应收账款平均 13 天就能收回现金，而 ×× 家具公司的应收账款要 21 天才能收回现金，这说明魅嘉家具公司的销售团队在市场上更为强势。

5. 存货周转率

魅嘉家具公司 2017 年存货周转率 = 营业成本 / 平均存货

=1 282 040 000/［（170 725 750+194 343 477）/2]

=1 282 040 000/ 182 534 613.5

=7.02

同理，可以算得：

×× 家具公司 2017 年存货周转率 =4 181 980 000/［（683 492 122+878 361 478）/2]

= 4 181 980 000/780 926 800

=5.36

然后我们再来算一算存货周转期。

魅嘉家具公司 2017 年存货周转期 =365/ 存货周转率 =365/7.02=52（天）

×× 家具公司 2017 年存货周转期 =365/ 存货周转率 =365/5.36=68（天）

这也就是说，魅嘉家具公司的存货平均要在仓库里待 52 天才销售出去，而 ×× 家具公司的存货平均要在仓库里待 68 天才能卖出。换句话说，魅嘉家具公司的产品（或服务，下同）比 ×× 家具公司的产品在市场上更受欢迎。

周转率和周转期是管理者的好工具，如果你要评价一个公司的营运能力，就必须要弄清周转率和周转期是怎么计算出来的。

杜邦金字塔分析法

在财务界，有一种经典的综合分析方法，它的基本思想是将净资产收益率逐级分解成若干财务指标的乘积。由于分析框架形似金字塔，又是由美国杜邦公司最早使用，故而这种方法就被称作杜邦金字塔分析法，简称杜邦分析法或杜邦金字塔。

杜邦金字塔如图 7-2 所示。

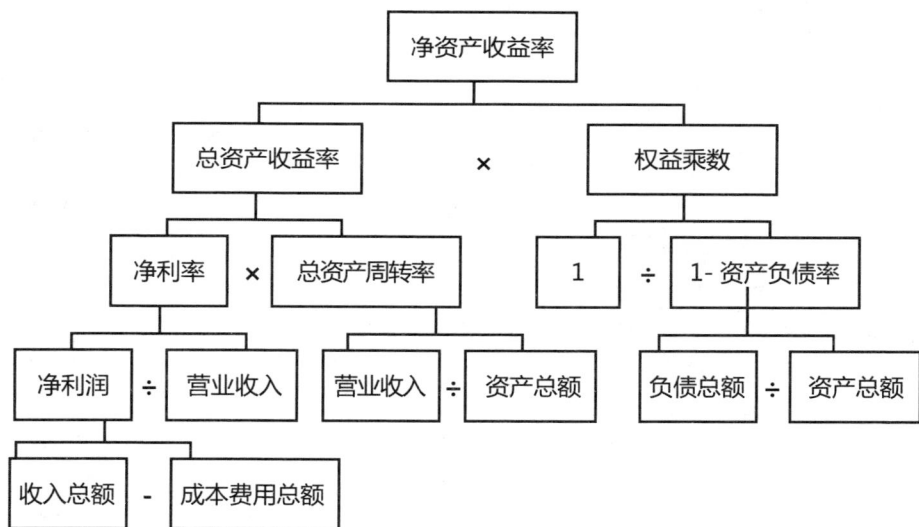

图 7-2　杜邦金字塔

如图 7-2 所示，这个杜邦金字塔分 4 层。

第一层：净资产收益率（即净利润 / 所有者权益）。

第二层：总资产收益率（即净利润 / 总资产）× 权益乘数（即总资产 / 所有者权益）。

第三层：净利率（即净利润／营业收入）× 总资产周转率（即营业收入／总资产）×［1／（1－资产负债率）］。

第四层：净利润（即收入总额－成本费用总额）／营业收入 × 总资产周转率（即营业收入／总资产）×［1／（1－总负债／总资产）］。

从杜邦金字塔里，我们既可以通过总资产周转率衡量企业的营运能力，又可以通过净利率、总资产收益率和净资产收益率评价企业的盈利能力，还可以通过资产负债率和权益乘数看出企业的长期偿债能力。

下面我们以魅嘉家具公司 2017 年的数据为例来进行说明。

【案例分析】——魅嘉家具公司杜邦金字塔分析

2015 年～ 2017 年魅嘉家具公司的相关财务数据如表 7-3 所示。

表 7-3　魅嘉家具公司 2015 年～ 2017 年的财务数据　　　　单位：万元

年份	资产负债表				
2014 年期末	资产总额	96 091	负债总额	32 973	所有者权益	63 118
2015 年期末	资产总额	148 372	负债总额	26 280	所有者权益	122 092
2016 年期末	资产总额	177 193	负债总额	38 941	所有者权益	138 252
2017 年期末	资产总额	210 360	负债总额	47 316	所有者权益	163 044

年份	利润表				
2015 年	营业收入	125 546	收入总额	127 469	成本费用总额	115 775
2016 年	营业收入	166 377	收入总额	168 378	成本费用总额	149 877
2017 年	营业收入	209 718	收入总额	212 105	成本费用总额	187 553

2015 年，魅嘉家具公司的财务数据经计算，可以得到：

2015 年净利润 ＝ 收入总额－成本费用总额 ＝127 469－115 775＝11 694（万元）

2015 年净资产收益率 ＝ 净利润／所有者权益 ＝11 694／［（63 118＋122 092）／2］＝11 694／92 605＝12.63%

2015 年总资产收益率 = 净利润 / 总资产 =11 694/ ﹝（96 091+148 372）/2﹞=11 694/122 231.5=9.57%

2015 年权益乘数 = 总资产 / 所有者权益 =﹝（96 091+148 372）/2﹞/﹝（63 118+122 092）/2﹞

=122 231.5/92 605=1.32

2015 年净利率 = 净利润 / 营业收入 =11 694/ 125 546=9.31%

2015 年总资产周转率 = 营业收入 / 总资产 =125 546/﹝（96 091+148 372）/2﹞=125 546/122 231.5=1.03

2015 年资产负债率 = 总负债 / 总资产 =﹝（32 973+26 280）/2﹞/﹝（96 091+148 372）/2﹞=24.24%

由此可得，魅嘉家具公司 2015 年的杜邦金字塔如图 7-3 所示。

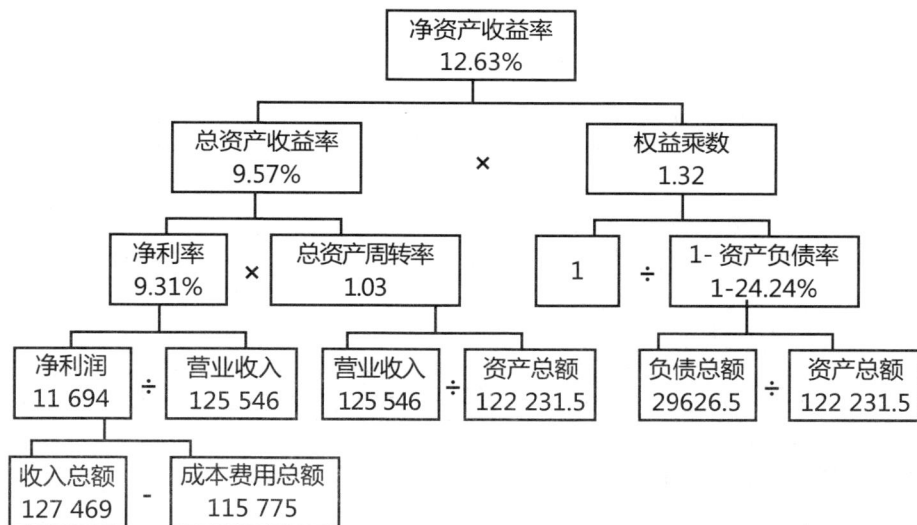

图 7-3　魅嘉家具公司 2015 年杜邦金字塔

2016 年，魅嘉家具公司的财务数据经计算，可以得到：

2016 年净利润 = 收入总额 – 成本费用总额 =168 378–149 877=18 501（万元）

2016 年净资产收益率 = 净利润 / 所有者权益 =18 501/﹝（122 092+138 252）/2﹞=18 501/130 172=14.21%

2016 年总资产收益率 = 净利润 / 总资产 =18 501/〔（148 372+177 193）/2〕=18 501/162 782.5=11.37%

2016 年权益乘数 = 总资产 / 所有者权益 =〔148 372+177 193）/2〕/〔（122 092+138 252）/2〕

=162 782.5/130 172 =1.25

2016 年净利率 = 净利润 / 营业收入 =18 501/ 166 377=11.12%

2016 年总资产周转率 = 营业收入 / 总资产 =166 377/〔148 372+177 193）/2〕=166 377/162 782.5=1.02

2016 年资产负债率 = 总负债 / 总资产 =〔（26 280+38 941）/2〕/〔148 372+177 193）/2〕=20.03%

由此可得，魅嘉家具公司 2016 年的杜邦金字塔如图 7-4 所示。

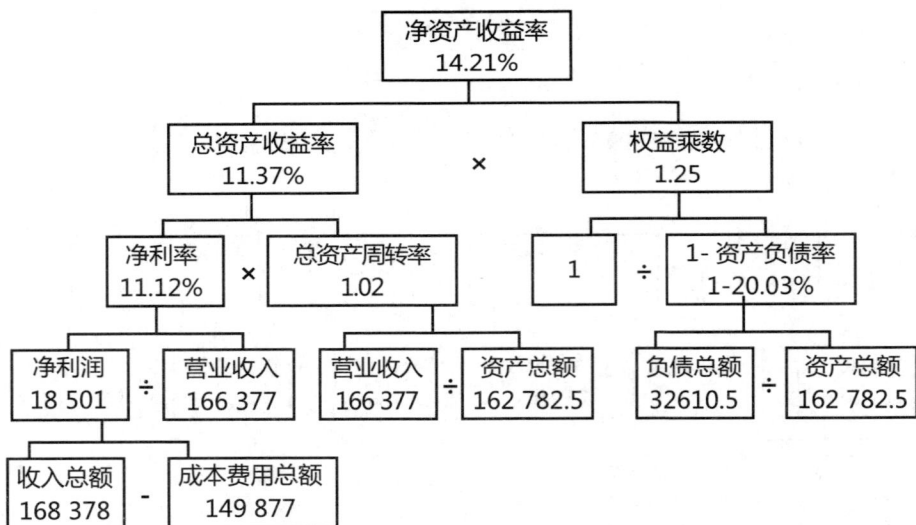

图 7-4　魅嘉家具公司 2016 年杜邦金字塔

同理，2017 年，魅嘉家具公司的财务数据经计算，得到的杜邦金字塔如图 7-5 所示。

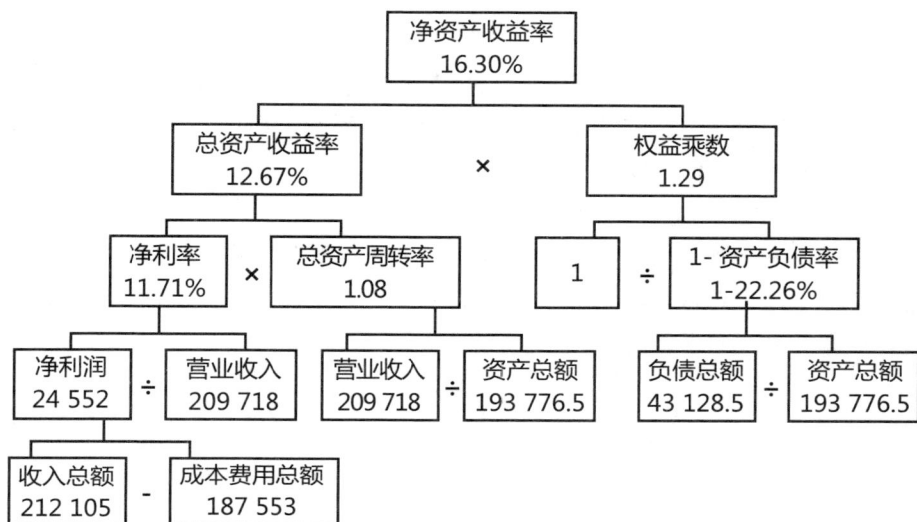

图 7-5　魅嘉家具公司 2017 年杜邦金字塔

现在，我们开始具体分析。

第一层：先来观察这 3 年的净资产收益率。从 2015 年的 12.63% 到 2016 年的 14.21%，再到 2017 年的 16.30%，可以看出，魅嘉家具公司为所有者权益保值增值的能力在逐年稳步提升。

第二层：净资产收益率是一个综合性最强的指标，我们再将它分解成总资产收益率 × 权益乘数。总资产收益率从 2015 年的 9.57% 到 2016 年的 11.37%，再到 2017 年的 12.67%，说明魅嘉家具公司的总资产盈利能力在逐年提升，其中 2016 年提升的幅度较大。而权益乘数从 2015 年的 1.32 降低到 2016 年的 1.25，又回升到 2017 年的 1.29，即权益乘数基本稳定在 1.29 左右，说明魅嘉家具公司的风险较为适中，且资本结构对所有者的潜在收益有一定的放大作用。

第三层：我们再将总资产收益率分解成净利率 × 总资产周转率。净利率从 2015 年的 9.31% 增长到 2016 年的 11.12%，再增长到 2017 年的 11.71%，可知 2016 年的提升幅度接近两个百分点，与 2017 年的 0.5 个百分点相比，提升幅度更大。但是总资产周转率在 2016 年为 1.02，较 2015 年的 1.03 下降了 0.1，而到 2017 年又提升到了 1.08，这说明 2016 年魅嘉家具公司的整体营运能力稍有退步，好在管理层及时提高了资产利用效率，到 2017 年已见起色，并因此对总资产的盈利能力有正向的拉动作用。

第四层：最后将净利润分解成"收入总额－成本费用总额"。收入总额从 2015 年的 127 469 万元到 2016 年的 168 378 万元，环比变化 32%；接着在 2017 年又增长到 212 105 万元，环比变化 26%。成本费用总额则从 2015 年的 115 775 万元增长到 2016 年的 149 877 万元，环比变化 29%；然后 2017 年的成本费用总额为 187 553 万元，环比变化 25%。每年的成本费用总额的环比增长百分比均比收入总额的环比增长百分比要小，因此总体收入向好发展，总体成本费用控制水平没有发生异常。

管理者
14天轻松看透财报
8

练就财务报表之外的功夫

若想做一名卓越的管理者，最好能够广泛涉猎，吸收多方面的知识、多角度的思维。

关于企业管理的理论很多，其中有一些很实用的管理方法，不仅适用于财务管理者，还适用于非财务管理者，并且不同的管理领域之间还在越来越深地相互融合和相互借鉴。

财务报表信息是财务会计信息的其中一部分，管理决策绝不能只凭借财务会计信息，更不能只依靠财务报表信息，还需要利用非财务信息。

本章将告诉你如何练就这些财务报表之外的功夫。

【本章要点】

管理决策不能仅凭财务报表信息

恭喜你！通过前面 7 天的学习，相信你已对财务会计的基础知识有了一定的了解，也能够掌握财务会计报表的一些分析方法，看财务报表对你来说已经不再是那么令人头疼的事情了。

但，仅仅这样就够了吗？

我的回答是：财务报表对你来说虽然已不再是拦路虎，但是在成为一名卓越管理者的道路上，还有许多关等着你去闯。首先，管理者所需的信息绝不仅仅是财务报表信息，也不完全是财务信息，还需要依靠许多非财务信息；其次，不论是在信息不对称还是在完全信息的条件下，管理决策的能力都至关重要。

【案例分析】——非财务信息在管理决策中的重要性

例如，一个制造扳手等工具的公司，生产大、中、小 3 种型号的扳手，在生产过程中，扳手都必须经过热处理过程。假设这 3 种扳手的财务数据如表 8-1 所示。

表 8-1　某工具制造公司财务数据

型号指标	小号扳手	中号扳手	大号扳手
单位售价	100	110	130
单位变动成本	30	30	30
差额	70	80	100

根据以上财务数据，作为管理者，很可能会认为大号扳手是 3 种型号当中获利能力最强的产品，因为它用单位售价减去单位变动成本的差额最大。然而，在生产瓶颈情况下，这样的决策往往是不明智的。

如果对于该工具制造公司来说，生产瓶颈是热处理时间，并且我们还了解到小号、中号、大号 3 种扳手的单位热处理小时数分别是 1 小时、4 小时和 8 小时。

有了这条非财务信息，我们就可以知道之前的决策确实是不明智的，因为若将 3 个差额分别除以 3 种型号各自的单位热处理（瓶颈）小时数，小号扳手得到的结果最大，所以小号扳手才是该瓶颈条件下最有获利能力的产品。

这个简单的例子充分说明了非财务信息在管理决策中的重要性。所以，管理者在决策的时候，千万不要忽视非财务信息，而一定要将非财务信息与财务信息结合起来看问题。

【提示】什么是瓶颈理论

以色列物理学家高德拉特博士写过一本著名的企业管理小说——《目标》，在这本书里，他创造性地提出了"Theory of Constraint"，即"TOC"制约法，又称"瓶颈理论"，教人们通过简单有效的常识，聚焦于瓶颈管理，从而改善整个系统，实现组织的目标。

复利现值与复利终值的计算

大家都感觉过去的钱比现在的钱值钱，也就是说货币是有时间价值的。然而财务报表里的数字反映的是入账时候的价值，因此财务报表所提供的信息并未考虑货币的时间价值。可是管理者做决策却不能不考虑这个问题。

我们可以将所有时点的现金流入和现金流出，都折算到同一时点上，这样才可以进行加减运算或者比较。

所谓的复利，简单来说，是指一定量的本金，在经过每个利息期时，将所生利息再计入本金，继续滚算利息的计息方式，也就是人们常说的"利滚利"。

理解了复利的概念，那么复利终值与复利现值也就容易理解了。

复利终值指一定量的本金，按复利方式计算的若干期之后的本利总和。

根据复利的定义，假设本金为 P，利息为 i，期数为 n，复利终值为 F，我们就可以推算出复利终值的计算公式，即：$F=P \times (1+i)^n$。

我们把 $(1+i)^n$ 称为复利终值系数，用（F/P，i，n）表示。

复利现值的概念与复利终值相反，指未来某期一定量的金额，按复利方式倒算的其在现在这个时点上的价值。

假设复利现值为 P，未来某期一定量的金额为 F，即可推算出复利现值的计算公式，即：$P=F/(1+i)^n$。

我们把 $1/(1+i)^n$ 称为复利现值系数，用（P/F，i，n）表示。

可以看出，复利终值与复利现值互为逆运算，复利终值系数与复利现值系数互为倒数。

【案例分析】——计算复利终值

你将 100 元存入银行，年利率 2%，那么 5 年后的本利和是多少？

即是求本金为 100 元，利率为 2%，期数为 5 的复利终值。

根据复利终值的计算公式，故：

$F=P \times (1+i)^n = 100 \times (1+2\%)^5 = 110.41$（元）

【案例分析】——计算复利现值

你为了 5 年后能从银行取出 100 元，在年利率 2% 的情况下，现在应该存入多少本金？

即是求未来金额为 100 元，利率为 2%，期数为 5 的复利现值。

根据复利现值的计算公式，故：

$P=F/(1+i)^n = 100/(1+2\%)^5 = 90.57$（元）

年金现值与年金终值的计算

如果说复利是一笔金额在某个时点的收款或者付款，那么年金则是指相等间隔期的一系列等量金额的收款或者付款。

年金有许多种，我们把从第一期起，在一定时期内每期期末等额收付的系列款项称为"普通年金"，那么普通年金的终值是指普通年金在最后一次收付时点上所有各期收付款项的本利和。

根据定义，我们可以推断，普通年金终值就等于在最后一次收付时点上的每次收付款项的复利终值之和。假设年金为 A，年金终值为 F_A，利息为 i，期数为 n，我们可以根据复利终值的计算公式，得到普通年金终值的计算公式为：

$F_A = A + A \times (1+i) + A \times (1+i)^2 + A \times (1+i)^3 + \cdots\cdots + A \times (1+i)^{n-1}$，称此式为①式。

将①式两边同时乘以（1+i），得到：

$F_A \times (1+i) = A \times (1+i) + A \times (1+i)^2 + A \times (1+i)^3 + A \times (1+i)^4 + \cdots\cdots + A \times (1+i)^n$，称此式为②式。

将②式减去①式可得：

$F_A \times i = A \times (1+i)^n - A$

$F_A = A \times [(1+i)^n - 1] / i$

我们把 $[(1+i)^n - 1] / i$ 称为"年金终值系数"，用（F/A, i, n）表示。

同理，假设年金为 A，年金现值为 P_A，利息为 i，期数为 n，我们可以根据复利现值的计算公式，得到普通年金现值的计算公式为：

$P_A=A/(1+i)+A/(1+i)^2+A/(1+i)^3+\cdots\cdots+A/(1+i)^n$，称此式为③式。

将③式两边同时乘以（1+i），得到：

$P_A\times(1+i)=A+A/(1+i)+A/(1+i)^2+\cdots\cdots+A/(1+i)^{n-1}$，称此式为④式。

将④式减去③式可得：

$P_A=A\times[1-(1+i)^{-n}]/i$

我们把 $[1-(1+i)^{-n}]/i$ 称为"年金现值系数"，用（P/A，i，n）表示。

【案例分析】——计算年金现值

你之前投资了一个项目，现在开始投产，从投产之日起的 10 年，每年年末能获得 40 000 元的收益。按年利率 6% 来计算，计算预期 10 年收益的现值。

P_A =40 000×（P/A，6%，10）

查年金现值系数表可知（P/A，6%，10）=7.3601

故可算得 P_A =294 404（元）。

财务管理中的几组概念

财务管理中还有一些被广泛应用的概念，不仅仅是复利和年金，这些概念也相当重要。例如：息税前利润与每股收益，边际贡献率与变动成本率，股票面值、每股净资产、每股市价、发行价、市盈率与市净率，现金净流量与净现值等。下面就让我们来一一认识它们吧。

1. 息税前利润（EBIT）与每股收益（EPS）

息税前利润是指息前和税前的利润，英文是"Earning Before Interest and Tax"，因此取每个单词的第一个大写字母，它的简写就是"EBIT"。

我们在前面讲过利润表的格式及逻辑。

（1）营业利润 = 营业收入 − 营业成本 − 税金及附加 − 销售费用 − 管理费用 − 财务费用 + 投资收益

（2）利润总额 = 营业利润 + 营业外收入 − 营业外支出

（3）净利润 = 利润总额 − 所得税费用

这里面并没有提到息税前利润，那么这个息税前利润又是怎么计算出来的，它又有什么意义呢？

我们知道，财务费用包括利息支出和手续费支出，其中利息支出是债务融资的利息支出，由于手续费支出相对利息支出一般都很小，所以可以粗略地认为财务费用主要就是债务融资的利息支出。

这样一来，息税前利润（EBIT）根据其定义，再结合以上 3 个公式，我们就可以推断出它的 3 种计算方法。

（1）息税前利润 = 净利润 + 所得税费用 + 财务费用

（2）息税前利润 = 利润总额 + 财务费用

（3）息税前利润 = 营业利润 + 财务费用 + 营业外收入 − 营业外支出

【案例分析】——计算息税前利润

已知某企业去年的利润总额为 800 万元，债务利息为 20 万元，请计算该企业去年的息税前利润。

根据上面息税前利润的第二个计算方法，我们就可以很容易地算出：

息税前利润（EBIT）=800+20=820（万元）

有人可能会不理解：为什么已经有了营业利润、利润总额和净利润这 3 个概念，还要再计算这个息税前利润呢？

其实，营业利润、利润总额和净利润这 3 个概念都是财务会计中的概念；而息税前利润这个概念的意义在于，它可以抛开对于一般管理者来说不可控的融资因素，来客观评价管理者的经营能力。它是管理会计中的一个概念。

每股收益又称每股盈余，指净收益与股份总数的比值，英文是"Earning Per Share"，因此取每个单词的第一个大写字母，它的简写就是"EPS"。

每股收益反映了每股创造的净收益。每股收益越高，表明所创造的利润越多。若公司只有普通股时，净收益是税后净利润，股份总数是指流通在外的普通股股数。

如果公司还有优先股，净收益就应从税后净利润中扣除分派给优先股股东的股利。用公式表示如下。

每股收益（EPS）= 净收益 / 股份总数

= （净利润 − 优先股股利）/ 流通在外的普通股股数

简单来说，每股收益越高，表示企业获利能力越强。

2. 边际贡献率与变动成本率

边际贡献是指销售收入减去变动成本后的差额；边际贡献率指边际贡献占销售收入的百分比。

变动成本是指随业务量的变动而成正比例变动的成本；变动成本率指变动成本占销售收入的百分比。

从边际贡献率和变动成本率的定义，我们可以知道：

边际贡献 = 销售收入 − 变动成本

边际贡献率 = 边际贡献 / 销售收入 ×100%

变动成本率 = 变动成本 / 销售收入 ×100%

因此我们可以看出，边际贡献率 + 变动成本率 =1。也就是说，知道边际贡献率或变动成本率这二者中的一个指标，我们就能求出另一个指标。

3. 股票面值、每股净资产、每股市价、发行价、市盈率与市净率

我国股民众多，但是有人对股票面值、每股净资产、每股市价与发行价这 4 个概念的理解比较模糊。

股票面值指股票的票面价格。在我国，一般股票面值为 1 元 / 股。

每股净资产指股东权益与总股数的比值，即：每股净资产 = 股东权益 / 总股数

每股市价指每股股票的市场价格。

发行价指股票公开发行时的价格。

如果发行价低于股票面值，就称之为"折价发行"；反之，如果发行价高于股票面值，则称之为"溢价发行"；如果发行价刚好等于股票面值，那么自然就是所谓的"平价发行"。

那么，身边炒股的朋友经常挂在嘴边的"市盈率"和"市净率"，二者又有什么区别呢？

市盈率指每股市价与每股盈余的比值，英文是"Price-earnings ratio"，简写为"P/E"。而市净率，指每股市价与每股净资产的比值，英文是"Price-book value ratio"，简写为"P/B"。

根据市盈率与市净率的定义，我们可以知道：

市盈率（P/E）= 每股市价 / 每股盈余

市净率（P/B）= 每股市价 / 每股净资产

4. 现金净流量（NCF）与净现值（NPV）

财务管理中将现金收入称为现金流入量，将现金支出称为现金流出量。

现金净流量是指现金流入量减去现金流出量后的差额，英文是"Net Cash Flow"，因此取每个单词的第一个大写字母，它的简写就是"NCF"。

净现值是指一个投资项目，其未来现金净流量的现值减去其原始投资额的现值之后的差额，英文是"Net Present Value"，因此取每个单词的第一个大写字母，它的简写就是"NPV"。

给读者学习本书后半部分的建议

前面为大家介绍了本书中有关财务管理常用的一些概念，这些概念如果掌握起来有困难是很正常的，其实暂时并不需要你在一天之内达到完全记忆、灵活运用的程度，因为在后面的章节中它们还会反复出现，所以现在只要初步对其有个印象，在后面章节遇到时，可以再反过来阅读，很容易就能理解。

可能有人要问：我在企业管理中遇到的问题可多了，现在我能看懂财务报表了，也学会了一些财务管理的概念，信息也收集了不少，但是还是不会做科学的管理决策，能不能再给我指个下一步的努力方向？这里，我提几点建议。

第一，要学会了解并利用管理会计报表。会计信息经常被区分为财务会计信息和管理会计信息两类。财务会计信息主要是按照会计准则定期编制的、内外部信息使用者通用的财务报表等会计信息，而管理会计信息则是为满足内部管理层的特殊需求，按照管理层的需求设计并编制的会计信息。学会看懂财务报表是基础，作为管理者，还应当了解并利用管理会计报表。

第二，要不断努力补充管理知识，并学以致用。

第三，要学会快速了解一个行业的方法，并不断积累。

下面以国外一家知名品牌吉他厂为例，向大家展示几种管理会计报表。

【案例分析】——品牌吉他厂的管理决策及所需知识举例

国外一家知名品牌吉他厂已经建厂 100 年了，由于用料考究，工艺精湛，这个厂制造出的品牌吉他备受全球乐迷的青睐。能持续经营 100 年之久，不仅仅是因为这个厂拥有一批能工巧匠，还因为它的经营者们有着杰出的管理能力，并能与时俱进。

以下列示了这个厂的管理会计报表部分内容（金额单位均为美元），产成品成本计算表如表 8-2 所示。

表 8-2　产成品成本计算表

项　目	第一步	第二步	第三步
期初在产品			30 000
直接材料：			
期初材料	65 000		
加：本期材料采购	100 000		
可供使用材料	165 000		
减：期末材料	35 000		
本期直接材料消耗		130 000	
加：本期直接人工		110 000	
加：本期制造费用		44 000	
本期发生的生产成本			284 000
生产成本合计			314 000
减：期末在产品			24 000
本期产成品成本			290 000

可以看出，分 3 步。

第一步，计算本期直接材料消耗。

本期直接材料消耗成本 = 可供使用材料 − 期末材料 =（期初材料 + 本期材料采购）− 期末材料

第二步，计算本期发生的生产成本。

本期发生的生产成本 = 本期直接材料消耗成本 + 本期直接人工 + 本期制造费用

第三步，计算本期产成品成本。

本期产成品成本 = 生产成本合计 − 期末在产品

= （期初在产品 + 本期发生的生产成本）− 期末在产品

计算出的本期产成品成本为 290 000 元。

然后可以编制管理利润表，管理用简化利润表如表 8-3 所示。

表 8-3　管理用简化利润表

项　目	第一步	第二步
销售收入		366 000
期初完工产品	60 000	
加：本期产成品成本	290 000	
可供销售完工产品成本	350 000	
减：期末完工产品	62 500	
产品销售成本		287 500
毛　利		78 500
销售费用		20 000
管理费用		15 000
息税前利润		43 500
财务费用		10 000
税前利润		33 500

产品市场经营能力（对应销售收入到毛利部分）

管理能力（对应销售费用、管理费用）

融资能力 ← 财务费用

　　如表 8-3 所示，可以使用毛利，即销售收入减产品销售成本的差额，来衡量产品市场经营能力；使用销售收入减各部门费用的差额，来衡量各部门经理的管理能力和协作效率。而财务费用一般不被用来评价经营管理能力，因为它与经理的经营管理能力无关，而与股东的融资能力直接相关。这可以说是"责权利对等"原则的一个体现。

　　同时，期末管理用简化资产负债表中与存货有关的部分如表 8-4 所示。

表 8-4　期末管理用简化资产负债表中有关存货的部分列示

项　目	金　额
流动资产：	
货币资金	21 000
应收账款	120 000
存　货	121 500
其中：完工产品	62 500
在产品	24 000
材料	35 000
流动资产合计	262 500

通过表 8-2、8-3 和 8-4，我们可以看出，管理会计报表的编制目的是为了改善企业内部的经营管理，因此它所涵盖的信息比财务会计报表更详细。这 3 张表仅是举例，在实际工作中，管理会计报表还可以根据企业管理者或者部门管理者的需要自定义，种类样式繁多。但不论报表的格式怎么变，你都可以利用对比、趋势、结构、细分这 4 种方法去分析。

【提示】4 种基本的报表分析方法

①对比：例如，与预算比，看公司是否达成目标；与同行比，看公司所处位置；与标杆比，看公司的差距；②趋势：与过去比，看公司变好了还是变差了；③结构：看产品结构、资本结构、客户结构……；④细分：将报表项目细分再细分，挖问题根源。

此外，企业常常面临的管理决策问题以及主要所需的一些知识，如表 8-5 所示。

表 8-5　企业常见的管理决策问题及所需知识举例

知识 \ 决策	成本管理	风险管理	人力资源管理	投资管理	融资管理
产品定价	本量利分析法				
风险控制		财务预警系统			
绩效工资			薪酬管理		
投资方案				投资管理工具	
融资方案					每股收益分析法

在本书后面的章节，我会将财务管理知识与表 8-5 中列举的这些管理知识结合起来，从财务会计到管理会计，从分析方法到决策方法，从会计知识到管理知识，从融资、投资到人力资源、风险管理和成本管理，由浅入深地为你介绍。

虽然管理者要学的知识很多，但是请你不要着急，毕竟学习有一个循序渐进的过程，有了这些知识，对中小企业管理者来说已经够用了，何况我在写作本书的伊始就不打算用艰涩的理论套路，而是希望以简单有效的常识来启发大家的思维。

"纸上得来终觉浅，绝知此事要躬行"，假以时日，你的管理能力会有一个质的飞跃。

9

管理者怎样做融资决策

融资，又叫筹资，简单说来就是指筹措和获取所需资金。

融资管理，就是要解决企业为什么要融资，要筹集多少资金，从什么渠道、以什么方式筹集，如何计算融资成本，怎样确定合理的融资方案等问题。

本章将针对这些问题进行详细讲解。

融资的动机有哪些

融资,又叫筹资,简单说来就是指筹措和获取所需资金。融资的动机多种多样,融资的手段纷繁复杂,而融资的效果也各有千秋,所以,企业需要对融资进行管理。融资管理,就是要解决企业为什么要融资,要筹集多少资金,从什么渠道、以什么方式筹集,如何合理安排资本结构等问题。

要做好融资管理,首先需要明确融资动机,也就是解决企业为什么要融资的问题。企业的融资动机主要包括:创立性融资动机、支付性融资动机、扩张性融资动机和调整性融资动机。

创立性融资动机。是指企业创立时,为筹措形成企业经营能力所需资金而融资的动机。

支付性融资动机。是指为了满足企业经营活动的正常波动需求、维持企业支付能力而融资的动机。

扩张性融资动机。是指企业为满足扩大经营规模需要或对外投资需要而融资的动机。

调整性融资动机。是指企业为调整资本结构而融资的动机。

企业的融资动机既可能是单一的,也可能是混合的。

融资多少才合适

企业要筹集多少资金才合适呢?筹资数量预测的基本目的,就是既要保证企业经营的需要，又不会让过多的资金闲置。这里向大家介绍 3 种筹资数量预测的方法。

1. 因素分析法

因素分析法是指已知基期的资金平均占用量，在此基础上根据预测期的销售增长率和资金周转加速的要求，进行分析调整，来预测资金需要量的方法，它的计算公式是：

预测期资金需要量 ＝（基期资金平均占用额 － 不合理资金占用额）×（1＋预测期销售增长率）×（1－ 预测期资金周转速度增长率）

【案例分析】——魅嘉家具公司资金需要量预测

魅嘉家具公司上年度资金平均占用额为 1 000 万元，经分析，其中不合理的部分有 50 万元，预计本年度销售增长 5%，资金周转加速 2%。

根据以上数据，我们可以预测出本年度的资金需要量，即：

本年度资金需要量 ＝（上年度资金平均占用额 － 不合理资金占用额）×（1＋本年度销售增长率）×（1－ 本年度资金周转速度增长率）＝（1 000－50）×（1＋5%）×（1－2%）＝977.55（万元）

2. 销售百分比法

由于经营性资产和经营性负债与销售收入之间有着较稳定的比例关系，因此我们可以根据销售收入的变动金额乘以这个比例，算出经营性资产及经营性负债的变动金额，这样就可以得到一个差额，这个差额就是总的资金需要量。再用这个资金需要量扣除可以从内部筹资的金额，剩下的金额就是需要从外部筹资的资金需要量。

【提示】什么是经营性资产和经营性负债

经营性资产指与销售额之间呈稳定的线性关系的那些资产，主要包括货币资金、应收账款、存货等；经营性负债指与销售额之间呈稳定的线性关系的那些负债，主要包括应付账款、应付票据等，但不包括短期借款、长期借款等负债。

【案例分析】——××家具公司资金需要量预测

××家具公司上年年末的简化资产负债表如表 9-1 所示（单位：元）。

表9-1 ××家具公司简化的资产负债表

货币资金	500 000	短期借款	2 500 000
应收账款	1 000 000	应付账款	1 500 000
存　货	3 000 000	实收资本	2 000 000
固定资产	2 500 000	留存收益	1 000 000

从上表可以看出，去年年末××家具公司总资产为7 000 000元。又知该公司去年销售收入（又称销售额，下同）10 000 000元，销售净利率为10%，利润留存率40%，今年销售额预计增长10%，公司有足够的产能，无需追加投资固定资产。

根据以上数据，我们首先可以测算出去年经营性资产或经营性负债与去年销售额的比例关系，假定这个比例关系是稳定的，那么有：

经营性资产的销售百分比＝（货币资金＋应收账款＋存货）/ 销售额

= （500 000+1 000 000+3 000 000）/10 000 000 =45%

经营性负债的销售百分比＝应付账款 / 销售额

=1 500 000/10 000 000=15%

它们的含义是，销售额每增加100元，经营性资产将会增加45元，经营性负债将会增加15元，二者的差额是30元，这样就会产生资金需求。由于销售额预计增长10%，即预计销售额会增加10 000 000×10%=1 000 000（元），故而可以推测出资金需求量=1 000 000×30%=300 000（元）。

然后，我们可以测算出今年净利润＝销售额 × 销售净利率=10 000 000×（1+10%）×10%=1 100 000（元），再用这个数值乘以利润留存率40%，可测算出今年将有1 100 000×40%=440 000元的留存收益可以作为内部筹资，而新增留存收益440 000元 > 资金需求量300 000元，故而内部筹资即可满足今年的资金需要量，不需向外部筹资。

3.资金习性预测法

资金习性指资金随业务量变动而变动的关系。不变资金指不随业务量变动而变动的资金；而变动资金指随业务量变动而呈线性变动的资金。除此以外，还有半变动资金，指随业务量变动而呈非线性变动的资金。半变动资金

挖掘数字背后的秘密
管理者 14 天轻松看透财报

可以采用一些方法被划分为不变资金和变动资金。

所以，根据资金习性，我们可以将资金需要量表示成不变资金和变动资金之和。即：

资金需要量 = 不变资金需要量 + 变动资金需要量

= 不变资金需要量 + 单位变动资金需要量 × 业务量

我们设资金需要量为 Y，不变资金需要量为 a，单位变动资金需要量为 b，业务量为 X，那么有：Y=a+bX。

由于历年 X 和 Y 的数据我们可以取得，故而我们可以求得常数 a 和 b 的数值，最后再将预计业务量带入上式，即可测算出预计当年的资金需要量。这 3 种方法各自的特点如表 9-2 所示。

表 9-2　3 种资金需要量预测方法的特点

预 测 方 法	特 点
因素分析法	计算简便快捷，容易掌握，预测结果比较粗略
销售百分比法	能提供预计的财务报表，能预测出外部筹资的需要量，便于应用
资金习性预测法	需要有至少连续 3 年以上的历史数据，预测结果较为准确

如何选择融资渠道

解决了资金需要量预测的问题，接下来的问题就是从什么渠道筹集，也就是融资渠道的安排问题。

我们可以对融资渠道进行几种不同的分类，如表 9-3 所示。

表 9-3 融资渠道的几种分类

分类方式	融资渠道	特　点	举　例
筹资方向	内部融资	没有门槛，无筹资费用，金额有限，时间短	未分配利润、盈余公积
	外部融资	除商业信用（如预收账款、应付账款）外，均有一定门槛，金额较大，筹资费用较高，时间较长	预收账款、应付账款、银行贷款、股东投资、国家财政补贴
资本性质	股权融资	期限长，财务风险较低	未分配利润、盈余公积、股东投资
	债务融资	期限较短，财务风险较高	预收账款、应付账款、银行贷款、融资租赁
有无成本	有成本融资	有资本成本	未分配利润、盈余公积、银行贷款、股东投资
	无成本融资	没有资本成本	预收账款、应付账款

在生活中，我们常常会听到诸如"天使投资""风险投资""私募融资""民间借贷""P2P""众筹""第三方支付"等融资模式，但很多人并不清楚它们的含义和特点。下面就为大家具体介绍一下。

1. 天使投资

天使投资是指拥有财富的个人或机构，对具有发展潜力的初创企业进行早期的直接投资。它的前身是认可创业者的人品、能力和团队的亲朋好友，后来逐渐演变成专门的投资公司。天使投资很适合没有太多经验的创业者。

由于这类创业者虽有梦想有雄心，但并没有运作公司的经验，而天使投资人有着丰富的投资经验和精明的头脑，为了保证自己投入的资金安全，所以一般天使投资在投资后，会在公司内安排董事、监事或高管，参与公司决策，所以，创业者必须做好与他们共事的心理准备。

然而，由于创业者与天使投资人的目标不同，创业者往往是为实现自身梦想而成立公司，但天使投资人则不同，他们非常理性，看重的是资金安全和投资回报，故而二者之间经常会因意见不合而产生分歧。

2. 风险投资

风险投资就是人们常说的 VC（Venture Capital）。风险投资公司是手中掌握大量资金的富人群体的联合，他们是非常专业的投资者，投资的目标就是为了最终获得高额回报。风险投资比较适合已经具有一定规模的企业。

风险投资的融资周期一般为 6 个月左右，最快的为 3 个月。在计算融资金额时，必须要考虑这个时间差。为了保证资金链不断裂，就必须以每一轮融资的预算金额再乘以 1.5 倍。但这个问题也不是绝对的。比如，首轮融资时，风险投资者就要求获得 40% 以上的股份，那么创业者就要考虑降低首轮融资的金额，必要的时候以自有资金来补充，以防止自己丧失对公司的控制权。

3. 私募股权融资

私募股权融资即人们常说的 PE（Private Equity）。这种融资模式就是指私募股权机构购买非上市企业的股权，通过运作上市、并购或管理层回购等方式，出售所持股份而获利。

如果创业者的企业已有了一定的规模，在产业内也已经具有一定的声望，那么可以考虑私募股权融资。私募股权融资机构又称 PE 机构，喜欢投资有一定规模和有稳定现金流的企业，大多是传统行业，像医药、高新技术、房地产、连锁企业等。而且 PE 机构只会在企业准备上市时才会介入。

私募股权融资大多采取权益性投资的方式，他们一般购买企业的普通股或优先股进行注资，其融资周期一般为 3 ~ 5 年。PE 机构能够通过资源帮助企业构建多元化的产权结构，并提高上市成功的概率。

4. 合法的民间融资

◆ 典当抵押

如果创业者有财物或不动产，可以将其抵押给典当行，来获得周转资金。当期限届满时，如资金回收，则可赎回；如果不能回收，则放弃对典当物的占有权。典当抵押放款程序简单，时间短，也不受空间限制，创业者只需凭借有效证件和财物就可获得融资。

◆ 向员工融资

公司在资金不足时，还有一种低成本的融资模式就是向员工融资。因为创业者与职工之间已建立了一定的信任关系，所以，在现实操作中，可行性很强。

◆ 融资租赁

它是指由租赁公司按承租单位的要求出资购买设备，在较长的合同期内提供给承租单位使用的融资模式。它主要有 3 种基本形式：直接租赁、售后回租、杠杆租赁。其中，杠杆租赁是指涉及承租人、出租人、出借人三方的融资租赁，它的具体操作方式一般是出租人只投入部分资金，其余资金通过用该资产抵押的方式向银行申请贷款来解决，然后将该资产出租给承租人，用收取的租金偿还银行贷款。融资租赁无需大量资金即可迅速获得资产使用权，并且限制条件较少，还能够延长融资期限，降低短期内的财务风险，但是长期的成本较高。

5. 互联网金融

2013 年，阿里巴巴推出"余额宝"。此后，互联网金融方兴未艾。

◆ P2P 借贷

P2P（Person-to-Person）借贷又称 P2P 金融，是个人与个人之间的小额借贷交易。操作方式是以 P2P 借贷平台作为中介平台，当借款人和出资人借贷意向达成后，由 P2P 平台协助双方签订合同并办理抵押、公证手续。资金不进入 P2P 平台公司账户，而是直接由出资人账户转到借款人账户，还款与利息则由借款人直接点对点归还给出资人。过程中 P2P 平台会收取一定的中介管理服务费。

◆ 众筹

众筹即大众筹资，其构成要素是项目发起人、大众投资人和平台。这种模式门槛低，易为大众所接受，创业者可以通过这种模式募集资金。常见的众筹模式有如下 4 种。

预销售型众筹。即发起人在众筹平台销售产品，如果众筹成功，投资人就能获得此产品。

股票型众筹。该模式是通过权益性众筹形式来筹得资金。若创业者有筹建公司或项目的打算，可以在众筹平台筹集所需资金。如果计划成功，投资人就能成为公司的股东，享受相应的分红。

借贷型众筹。指创业者通过利息回报的方式募集资金。到期时，需要还本付息。

募捐型众筹。这是一种非营利性的众筹模式。这种模式通过募捐的形式帮助需要帮助的人，为他们提供金钱上的援助。

◆ 第三方支付

第三方支付平台模式，主要是第三方支付平台对企业在平台上的交易量、合同量、现金流等数据进行分析，将这些数据信息转为银行认可的信用，然后就可以以垫付、保理等形式为中小企业提供资金。该模式是不少中小企业互联网融资的首选模式。

融资模式层出不穷，但无论它叫什么名字，我们要做到的是弄清它的性质，究竟是股权融资，还是债务融资，或者是两者兼有的混合融资，然后根据融资动机确定融资时间、融资量和融资期限，选择融资成本最小的方案。

如何计算融资成本

融资成本主要包括筹资费用和用资费用。企业在融资前，一定要先计算可选方案的融资成本。债务融资的融资成本较股权融资的融资成本更为确定，因而更容易计算。接下来就介绍几种计算融资成本的基本方法。

1. 计算银行贷款的融资成本

银行贷款分为短期借款和长期借款。

◆ 短期借款的融资成本

短期借款，即一年以下的（含一年）的银行贷款，我们一般不考虑货币贬值，即资金的时间价值。

融资成本 ＝ 筹资费用 ＋ 用资费用 ＝ 贷款手续费 ＋ 贷款利息

融资成本率 = 年贷款利息 / (贷款金额 - 贷款手续费) = (贷款金额 × 年贷款利率) / [贷款金额 × (1- 贷款手续费率)] = 年贷款利率 / (1- 贷款手续费率) × 100%

由于银行贷款属于债务融资,其利息可以在企业所得税税前列支,即可以抵税,而股权融资不能,所以若要将银行贷款与股权融资进行对比,还需要考虑企业所得税税率,将融资成本率折算成企业所得税税后的融资成本率,即:企业所得税税后的融资成本率 = [年贷款利率 × (1- 企业所得税税率)] / (1- 贷款手续费率) × 100%

【案例分析】——魅嘉家具公司短期借款的融资成本率计算

魅嘉家具公司取得一年期银行贷款 200 万元,年利率 10%,到期还本付息,贷款手续费率 0.2%,企业所得税税率 25%。

该项借款的融资成本率 = [年贷款利率 × (1- 企业所得税税率)] / (1- 贷款手续费率) × 100% = [10% × (1-25%)] / (1-0.2%) = 7.52%

◆　长期借款的融资成本

长期借款,即超过一年的银行贷款。因为融资期限较长,一般要考虑货币的时间价值,所以一般使用贴现法来计算融资成本。

贴现法计算融资成本的原理是:融资成本率 = 未来还本付息的贴现值与现在的融资净额相等时的贴现率。

【案例分析】——×× 家具公司长期借款的融资成本率计算

×× 家具公司取得 5 年期银行贷款 200 万元,年利率 10%,每年付息,到期一次还本并付最后一年利息,贷款手续费率 0.2%,企业所得税税率 25%。设该项借款的融资成本率 = 未来 5 年还本付息的贴现值与现在的融资净额相等时的贴现率 = C,则:

融资净额 = 融资金额 × (1- 贷款手续费率)

未来 5 年还本付息的贴现值 = 年企业所得税税后利息 × (P/A,C,5) + 还本金额 × (P/F,C,5) = 融资金额 × [年贷款利率 × (1- 企业所得税税率)] × (P/A,C,5) + 融资金额 × (P/F,C,5)

二者相等,则:

融资金额×（1−贷款手续费率）＝融资金额×［年贷款利率×（1−企业所得税税率）］×（P/A,C,5）＋融资金额×（P/F,C,5）

两边同除以融资金额，得到：1−贷款手续费率＝年贷款利率×（1−企业所得税税率）×（P/A,C,5）＋（P/F,C,5）。

代入数据：1−0.2%=10%×（1−25%）×（P/A,C,5）＋（P/F,C,5）

即 99.80=7.50×（P/A,C,5）＋（P/F,C,5）×100

结合年金现值系数表和复利现值系数表，可以查得：（P/A,7%,5）=4.1002，（P/F,7%,5）=0.7130，（P/A,8%,5）=3.9927，（P/F,8%,5）=0.6806，则：

7.50×（P/A,7%,5）＋（P/F,7%,5）×100=30.75+71.30=102.05

7.50×（P/A,8%,5）＋（P/F,8%,5）×100=29.95+68.06=98.01

使用插值法计算：

（99.80−98.01）/（102.05−98.01）＝（C−8%）/（7%−8%）

可算出该项借款的融资成本率 C=8%−1.79%/4.04=8%−0.44%=7.56%

不仅仅是银行贷款，其他债务融资的融资成本率都可以参照以上方法计算。

2. 计算融资租赁的融资成本

融资租赁期限很长，其融资成本只能使用贴现法计算。融资成本率＝未来残值和租金的贴现值与现在的融资净额相等时的贴现率。计算方法可参照上面××家具公司的例子。

怎样确定合理的融资方案

不同的融资方案，其融资成本和财务风险往往不同，确定合理的融资方案，能够优化企业资本结构。

当有多种可行的融资方案时，我们要对其进行比较，选择每股收益最大的融资方案。实践中经常用到的一种方法叫做每股收益分析法。它的原理是先找到使不同融资方式下的每股收益相等时的息税前利润，即先找到每股收益无差别点，然后再据此分析在某一预计息税前利润的条件下，应当选择哪种融资方案。以下举例来说明。

【案例分析】——××家具公司的融资方案选择

××家具公司目前的资本结构为：总资本 1 000 万元，其中债务资本 400 万元，年利息 40 万元；普通股股本 600 万元，即 600 万股，每股面值 1 元。

公司现有一个较看好的新项目，需要追加融资 300 万元，目前有两种可行方案。

甲方案：增发普通股 100 万股，每股面值 1 元，股价 3 元。

乙方案：向银行贷款 300 万元，年利率 16%。

经测算，追加融资后，销售额预计将达到 1 200 万元，变动成本率 60%，固定成本为 200 万元，企业所得税税率 25%。

在选择融资方案时，若忽略掉筹资费用，由于每股收益 =（税后利润 – 优先股股利）/ 普通股股数，税后利润 =（息税前利润 – 债务资本利息）×（1– 企业所得税税率），我们就可以算出：

甲方案的每股收益 =［（甲方案的息税前利润 – 甲方案的债务资本利息）×（1– 企业所得税税率）– 甲方案的优先股股利］/ 甲方案的普通股股数

乙方案的每股收益 =［（乙方案的息税前利润 – 乙方案的债务资本利息）×（1– 企业所得税税率）– 乙方案的优先股股利］/ 乙方案的普通股股数

当两者相等时，我们称之为每股收益无差别点（以下简称无差别点），故有：

［（甲乙方案在无差别点的息税前利润 – 年利息）×（1– 企业所得税税率）］/（普通股股本 + 增发普通股股本）=［（甲乙方案在无差别点的息税前利润 – 年利息 – 贷款年利息）×（1– 企业所得税税率）］/ 普通股股本

将年利息 40 万元、企业所得税税率 25%、普通股股本 600 万元、增发普通股股本 100 万元、贷款年利息 300 万元 ×16%=48 万元代入上式，可以算得：

甲乙方案在无差别点的息税前利润 =376（万元）。

再将甲乙方案在无差别点的息税前利润代入甲方案（或乙方案）的每股收益计算式中，则可算得：

甲乙方案在无差别点的每股收益 =0.36（元）。

由于息税前利润 = 销售额 − 变动成本 − 固定成本，变动成本率 = 变动成本 / 销售额，故可推导出预计息税前利润 = 预计销售额 ×（1− 变动成本率）− 固定成本 =1 200×（1−60%）−200=280（万元）。

再将该预计息税前利润代入甲方案的每股收益计算式中，可以算得：

甲方案预计每股收益 =［（甲方案的预计息税前利润 − 甲方案的债务资本利息）×（1− 企业所得税税率）− 甲方案的优先股股利］/ 甲方案的普通股股数

$$=［（280−40）×（1−25\%）−0］/700$$

$$=0.26（元）$$

同理将该预计息税前利润代入乙方案的每股收益计算式中，可以算得：

乙方案预计每股收益 =［（乙方案的预计息税前利润 − 乙方案的债务资本利息）×（1− 企业所得税税率）− 乙方案的优先股股利］/ 乙方案的普通股股数

$$=［（280−40−48）×（1−25\%）−0］/600$$

$$=0.24（元）$$

可知，甲方案预计每股收益 =0.26 元 > 乙方案预计每股收益 =0.24 元。

所以应当选择每股收益较大的方案，即甲方案。

管理者

14天轻松看透财报

10

管理者怎样做投资决策

本章介绍什么是企业投资，企业投资的分类有哪些，以及净现值法、现值指数、年金净流量法、内含报酬率、投资回收期等5种常用的投资决策工具。

【本章要点】

什么是企业投资

说到投资，大家都不陌生。投资就是为获取收益而投放资金的行为。例如，对于企业来说，购建厂房、购买有价证券、购买固定资产、投资项目或投资公司等，都是投资。

企业投资的分类如图 10-1 所示。

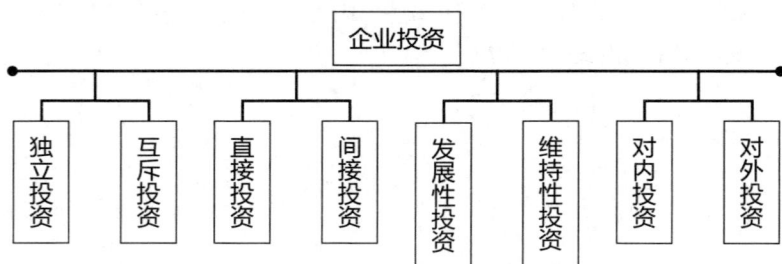

图 10-1　企业投资分类图

如上图所示，企业投资一般有 4 种分类，每一种分类都有两个相对的类型。

◆　独立投资与互斥投资

独立投资，又称相容性投资，指相互独立，可以同时并存的投资。

互斥投资，又称非相容性投资，指相互排斥，不能同时并存的投资。

◆　直接投资与间接投资

直接投资，又称项目投资，指企业直接将资金投放于项目，以形成生产经营能力并获取利润的投资。

间接投资，又称证券投资，指企业将资金用于购买股票、债券等权益性资产，以获取股利或利息收入等投资收益的投资。

◆ 发展性投资与维持性投资

发展性投资，又称战略性投资，指对企业生产经营发展全局有重大影响的投资。

维持性投资，又称战术性投资，指维持现有的生产经营顺利进行，但不会改变企业生产经营发展全局的投资。

◆ 对内投资与对外投资

对内投资，指将资金投放于企业内部的投资。对内投资都是直接投资。

对外投资，将资金投放于本企业之外的其他单位的投资。

投资决策是指对各个可行投资方案进行分析评价，从中选择最优投资方案的过程。大家都知道"投资有风险"，虽然说投资回报有一定运气的成分，但是总的来说我们还是要尽力避免技术性的错误。

在这一章，我将带领大家一起来看看几种投资决策的工具，也就是净现值法、现值指数、年金净流量法、内含报酬率和投资回收期。这些工具都与货币的时间价值有关。通过前面的学习，我们知道货币有时间价值，并且了解了复利现值、复利终值、年金现值和年金终值的概念，这一章将大量用到这些知识，因此，希望大家要先把相关知识吃透，因为这有利于这一章的学习。

投资决策工具之一：净现值法（NPV）

净现值，英文是"Net Present Value"，取每个单词第一个字母大写，即简称"NPV"，它是以投资者预期的最低投资报酬率作为利率，将未来的现金流量折算到现在的金额（也称为"未来现金流量现值"）减去原始投资额折算到现在的金额（也称为"原始投资额现值"）的差额。

如果一个投资方案的净现值为正，说明该方案的实际报酬率高于预期的最低报酬率；如果一个投资方案的净现值为零，说明该方案的实际报酬率等于预期的最低报酬率；如果一个投资方案的净现值为负，说明该方案的实际报酬率低于预期的最低报酬率。

所以，如果一个投资方案的净现值不为负，则该方案可行。

【案例分析】——净现值计算

某企业正在考虑一项新设备投资方案，该项目原始投资为 40 000 元，预计每年年末收到的现金流分别为：第一年 7 000 元，第二年 10 000 元，第三年 10 000 元，第四年 12 000 元，第五年 15 000 元。如图 10-2 所示。假设投资者要求的最低投资报酬率为 13%。

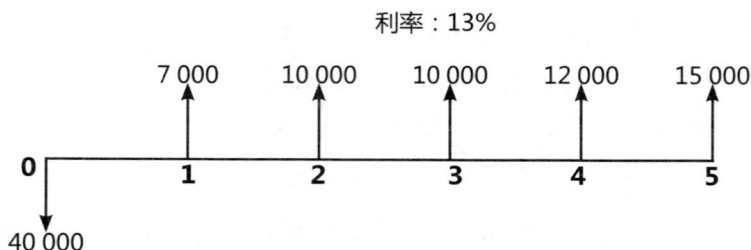

图 10-2　净现值计算

则 NPV= 未来现金流量现值 － 原始投资额现值

$$=7\,000/(1+13\%)+10\,000/(1+13\%)^2+10\,000/(1+13\%)^3+12\,000/(1+13\%)^4+15\,000/(1+13\%)^5-40\,000$$

$$=7\,000/1.1300+10\,000/1.2769+10\,000/1.4429+12\,000/1.6305+15\,000/1.8424-40\,000$$

$$=6\,194.69+7\,831.47+6\,930.49+7\,359.71+8\,141.55-40\,000$$

$$=-3\,542.09（元）<0$$

根据以上计算结果可知，这项新设备投资方案的净现值为负，故该方案不可行。

我们还可以把净现值理解为投资方案报酬超过基本报酬后的剩余收益，对于两个原始投资相等、期限相同的互斥投资方案来说，净现值越大，方案越好。

【案例分析】——使用净现值法比较投资方案的优劣

某企业目前有甲、乙两个不可并行的备选投资方案，原始投资额均为100 000 元，期限均为 5 年，投资者要求的最低投资报酬率为 12%。甲方案预计每年年末收到的现金流分别为：第一年 40 000 元，第二年 40 000 元，第三年 30 000 元，第四年 30 000 元，第五年 20 000 元。现金流情况如图 10-3 所示。

利率：12%

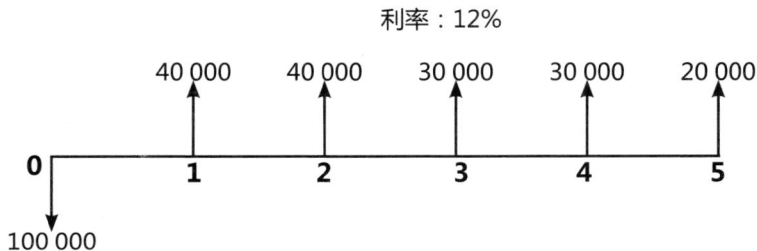

图 10-3　甲方案净现值计算

甲方案净现值 = $40\,000/(1+12\%)+40\,000/(1+12\%)^2+30\,000/(1+12\%)^3+30\,000/(1+12\%)^4+20\,000/(1+12\%)^5-100\,000$

= $40\,000/1.1200+40\,000/1.2544+30\,000/1.4049+30\,000/1.5735+20\,000/1.7623-100\,000$

= $35\,714.29+31\,887.76+21\,353.83+19\,065.78+11\,348.81-100\,000$

= $19\,370.47$（元）

乙方案预计每年年末收到的现金流分别为：第一年 30 000 元，第二年40 000 元，第三年 50 000 元，第四年 30 000 元，第五年 30 000 元。现金流情况如图 10-4 所示。

利率：12%

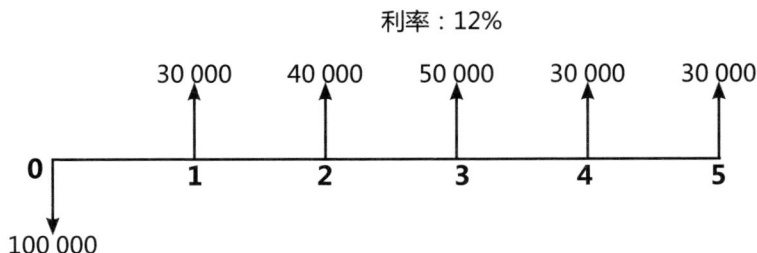

图 10-4　乙方案净现值计算

乙方案净现值 = $30\,000/(1+12\%)+40\,000/(1+12\%)^2+50\,000/(1+12\%)^3+$

30 000/（1+12%）4+30 000/（1+12%）^{5}−100 000

=30 000/1.1200+40 000/1.2544+50 000/1.4049+30 000/1.5735+30 000/1.7623−100 000

=26 785.71+31 887.76+35 589.72+19 065.78+17 023.21−100 000

=130 352.18−100 000

=30 352.18（元）

乙方案净现值＞甲方案净现值＞0, 故甲、乙两个方案都可行，并且乙方案比甲方案更优。

所以，净现值法适用于原始投资相等、期限相同的互斥投资方案的投资决策。

投资决策工具之二：现值指数（PVI）

现值指数，英文是"Present Value Index"，取每个单词第一个字母大写，即简称"PVI"，它是未来现金流量现值与原始投资额现值的比值。

如果一个投资方案的现值指数大于 1，说明该方案的投资报酬率高于预期的最低报酬率；如果一个投资方案的现值指数等于 1，说明该方案的投资报酬率等于预期的最低报酬率；如果一个投资方案的现值指数小于 1，说明该方案的投资报酬率小于预期的最低报酬率。

所以，如果一个投资方案的现值指数不小于 1，则该方案可行。

【案例分析】——现值指数计算

某企业正在考虑一项新设备投资方案，该项目原始投资为 40 000 元，预计每年年末收到的现金流分别为：第一年 7 000 元，第二年 10 000 元，第三年 10 000 元，第四年 12 000 元，第五年 15 000 元。如图 10-5 所示。假设投资者要求的最低投资报酬率为 13%。

利率：13%

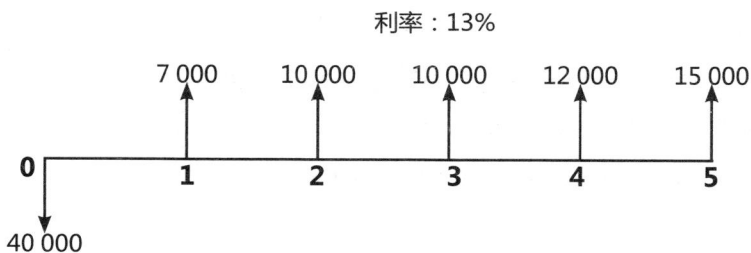

图 10-5　现值指数计算

则 PVI= 未来现金流量现值 / 原始投资额现值

= [7 000/（1+13%）+10 000/（1+13%）^{2}+10 000/（1+13%）^{3}+12 000/（1+13%）^{4}+15 000/（1+13%）^{5}] /40 000

=（ 7 000/1.1300+10 000/1.2769+10 000/1.4429+12 000/1.6305+15 000/1.8424）/40 000

=（ 6 194.69+7 831.47+6 930.49+7 359.71+8 141.55）/40 000

=0.91<1

根据以上计算结果可知，这项新设备投资方案的现值指数小于 1，故该方案不可行。

现值指数适用于原始投资不等的投资方案的投资决策。现值指数越大，方案越好。

【案例分析】——使用现值指数比较投资方案的优劣

现在有乙、丙两个备选投资方案，乙方案原始投资额为 100 000 元，期限为 5 年，丙方案原始投资额为 80 000 元，期限为 4 年。投资者要求的最低投资报酬率为 12%。乙方案预计现金流情况如图 10-6 所示。

利率：12%

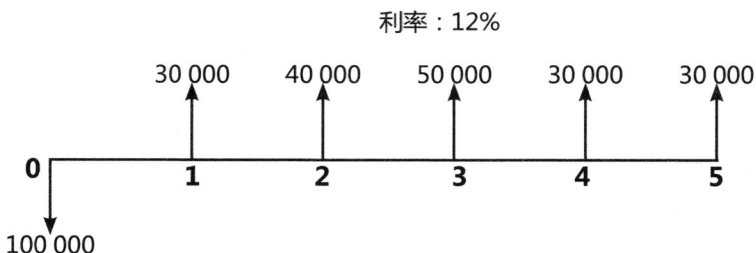

图 10-6　乙方案现值指数计算

则乙方案现值指数 = 未来现金流量现值 / 原始投资额现值

= [30 000/（1+12%）+40 000/（1+12%）^{2}+50 000/（1+12%）^{3}+30 000/（1+12%）^{4}+30 000/（1+12%）^{5}] /100 000

=（30 000/1.1200+40 000/1.2544+50 000/1.4049+30 000/1.5735+30 000/1.7623）/100 000

=（6 194.69+7 831.47+6 930.49+7 359.71+8 141.55）/100 000

=130 352.18/100 000

=1.30>1

丙方案预计现金流情况如图 10-7 所示。

利率：12%

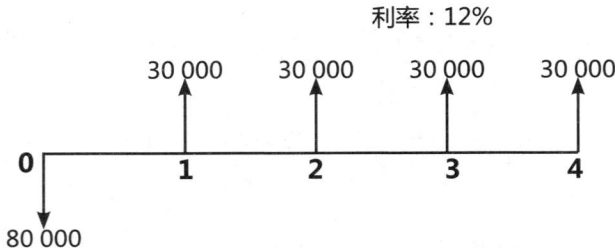

图 10-7　丙方案现值指数计算

则丙方案现值指数 = 未来现金流量现值 / 原始投资额现值

= [30 000/（1+12%）+30 000/（1+12%）^{2}+30 000/（1+12%）^{3}+30 000/（1+12%）^{4}] /80 000

=（30 000/1.1200+30 000/1.2544+30 000/1.4049+30 000/1.5735）/80 000

=（26 785.71+23 915.82+21 353.83+19 065.78）/80 000

=91 121.14/80 000

=1.14>1

根据以上计算结果可知，乙方案现值指数 > 丙方案现值指数 >1，故乙、丙两个方案都可行，并且乙方案比丙方案更优。

现值指数不但可以用于互斥投资方案的比较，还可以用于独立投资方案的决策。

当原始投资额相等时，现值指数实质上等效于净现值法。

投资决策工具之三：
年金净流量法（ANCF）

年金净流量，英文是"Annual Net Cash Flow"，取每个单词第一个字母大写，即简称"ANCF"，它是将项目期内全部现金净流量总现值折算为与之等效的等额年金。

如果一个投资方案的年金净流量为正，说明该方案的实际报酬率高于预期的最低报酬率；如果一个投资方案的年金净流量为零，说明该方案的实际报酬率等于预期的最低报酬率；如果一个投资方案的年金净流量为负，说明该方案的实际报酬率低于预期的最低报酬率。

所以，如果一个投资方案的年金净流量不为负，则该方案可行。

【案例分析】——年金净流量计算

某企业正在考虑一项新设备投资方案丁方案，该项目原始投资为 40 000 元，预计每年年末收到的现金流分别为：第一年 10 000 元，第二年 10 000 元，第三年 10 000 元，第四年 12 000 元，第五年 15 000 元。投资者要求的最低投资报酬率为 12%。预计现金流情况如图 10-8 所示。

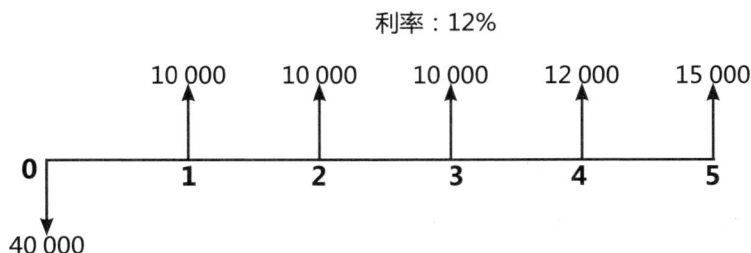

利率：12%

图 10-8　年金净流量计算

年金净流量 ANCF= 年金净流量总现值 / 年金现值系数

$= [10\,000/（1+12\%）+10\,000/（1+12\%）^2+10\,000/（1+12\%）^3+12\,000/（1+12\%）^4+15\,000/（1+12\%）^5-40\,000] /（P/A，12\%，5）$

$=（10\,000/1.1200+10\,000/1.2544+10\,000/1.4049+12\,000/1.5735+15\,000/1.7623-40\,000）/3.6048（查年金现值系数表）$

$=（8\,928.57+7971.94+7\,117.94+7626.31+8\,511.60-40\,000）/3.6048$

$=156.36/3.6048$

$=43.38>0$

根据以上计算结果可知，这项新设备投资方案的年金净流量大于 0，故该方案可行。

对于两个原始投资相等、期限不同的投资方案来说，年金净流量越大，方案越好。

【案例分析】——使用年金净流量法比较投资方案的优劣

现在有一个备选投资方案戊方案，原始投资额与丁方案相同，也为 40 000 元，但是期限与丁方案不同，丁方案期限为 5 年，戊方案期限为 4 年。该企业要求的最低投资报酬率仍为 12%。戊方案预计的现金流情况如图 10-9 所示。

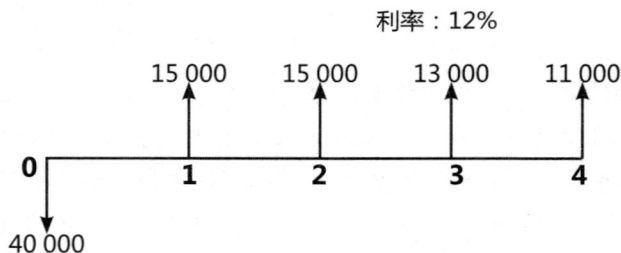

图 10-9　戊方案年金净流量计算

年金净流量 ANCF= 年金净流量总现值 / 年金现值系数

$= [15\,000/（1+12\%）+15\,000/（1+12\%）^2+13\,000/（1+12\%）^3+11\,000/（1+12\%）^4-40\,000] /（P/A，12\%，4）$

$=（15\,000/1.1200+15\,000/1.2544+13\,000/1.4049+11\,000/1.5735-40\,000）/3.0373（查年金现值系数表）$

= （13 392.86+11 957.91+9 253.33+6 990.78−40 000）/3.0373

=1 594.88/3.0373

=525.1>0

根据以上计算结果可知，戊方案年金净流量＞丁方案年金净流量＞0，故丁、戊两个方案都可行，并且戊方案比丁方案更优。

所以，年金净流量法适用于原始投资相等、期限不同的投资方案的投资决策。当期限相同时，年金净流量法实质上等效于净现值法。年金净流量不但可以用于互斥投资方案的比较，还可以用于独立投资方案的决策。

投资决策工具之四：内含报酬率（IRR）

内含报酬率，英文是"Internal Rate of Return"，取每个单词第一个字母大写，即简称"IRR"，它是指未来现金流量现值等于原始投资额现值时，也就是使净现值等于零时的利率，这个利率也就是实际可能达到的投资报酬率。当这个利率不小于投资者预期的最低投资报酬率时，方案可行。

内含报酬率容易理解但计算复杂，尤其是当未来每年现金净流量不一定相等时，还需要逐次测试取近似值。

【案例分析】——内含报酬率计算

某企业正在考虑一项新设备投资方案己方案，该项目原始投资为 40 000元，预计每年年末收到的现金流分别为：第一年 12 000 元，第二年 12 000 元，第三年 12 000 元，第四年 12 000 元，第五年 12 000 元。投资者要求的最低投资报酬率为 12%。预计现金流情况如图 10-10 所示。

利率：12%

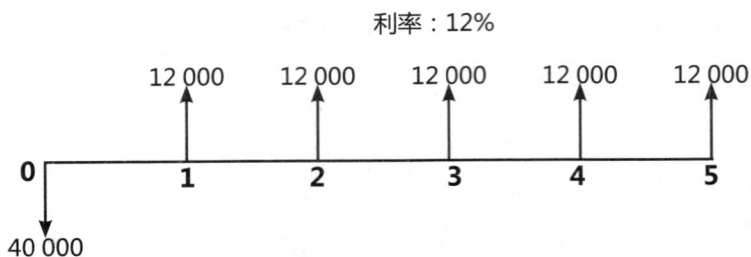

图 10-10　内含报酬率计算

未来每年年金净流量 = 原始投资额现值 / 年金现值系数

12 000=40 000/（P/A，IRR，5）

（P/A，IRR，5）=40 000/12 000=3.3333

查年金现值系数表可知，3.3333 介于（P/A，15%，5）=3.3522 和（P/A，16%，5）=3.2743 之间，故 15%<IRR<16%。

已方案的内含报酬率 IRR 大于最低投资报酬率12%，故该方案可行。

投资决策工具之五：投资回收期（PP）

回收期，英文是"Payback Period"，取每个单词第一个字母大写，即简称"PP"，它是指投资项目的原始投资额通过未来现金流量回收所需的时间。回收期越短越好。

如果回收期不考虑货币时间价值，那么这样计算出的回收期称为"静态回收期"。

我们假设未来每年收回的现金净流量相等，即按年金形式回收。

那么，静态回收期 = 原始投资额 / 每年现金净流量

【案例分析】——静态回收期计算

某企业有两套投资方案。A 方案原始投资为 70 000 元，预计投入后每年现金净流量为 9 000 元；B 方案原始投资为 64 000 元，预计投入后每年现金净流量为 6 000 元。

A 方案静态回收期 =70 000/9 000=7.8（年）

B 方案静态回收期 =64 000/6 000=10.7（年）

由于 A 方案的静态回收期更短，故该企业应选择 A 方案。

如果回收要考虑货币时间价值，那么这样计算出的回收期称为"动态回收期"。

我们仍假设未来每年收回的现金净流量相等，即按年金形式回收。

那么，原始投资额现值 / 每年现金净流量 =（P/A，i，n）；已知利率 i，则可求出 n。

动态回收期 PP 就等于 n。

管理者
14天轻松看透财报

II

财务管理与人力资源管理的互补与融合

许多公司都讲究人权、财权、业务权分开，财务管理与人力资源管理是企业经营管理中重要的两个方面。工作中，财务和人资需要相互协调、衔接配合的地方很多，而由于知识结构、思维方式等的不同，往往容易出现分歧点。

但其实财务管理和人力资源管理并不矛盾，关键在于彼此之间相互尊重角色位置，建立信任默契，做事前先把目的和思路统一。

本章将提炼人力资源管理和财务管理的思维精华，告诉你管理者应当怎样吸收这两方面的思维，帮助你做到人资和财务的互补与融合。

【本章要点】

财务管理与人力资源管理矛盾吗

许多公司都讲究人权、财权、业务权分开，财务管理与人力资源管理是企业经营管理中重要的两个方面。许多财务人员都有一个习性，那就是只用金钱来衡量一切事情，这是一个非常有局限性的处事原则。而做人力资源，则特别需要关注到人性的复杂和多面。所以，有人认为，财务管理的方法不适用于人力资源管理。

然而，最优秀的财务管理者，会以开阔的格局去看待事情，重视一些难以用金钱衡量的企业文化和价值观；而最优秀的人力资源管理者，也会在某些具体工作中考虑成本效益。

举例来说，在对待人力成本这一问题上，视野狭隘的管理者，可能会单纯采用削减工资的方式来降低人力成本。下面我们来看看 YY 电子公司的减薪计划带来了什么样的后果。

【案例分析】——YY 电子公司的减薪计划

YY 电子公司原本是一家知名的电子产品厂商，生产的电子产品曾占有全国 1/3 的市场份额。该公司采用的是市场领先的薪酬策略，薪酬水平远高于同业。然而，自 2015 年起，电子产品市场出现了后起之秀，YY 电子公司的销售业绩因此而大幅滑坡。

面临这种严峻的局面，公司领导决定减薪，从总经理到一线员工，工资全部降低 30%。

然而，减薪计划招来了一系列始料未及的连锁反应：

首先，公司几位资深的技术工程师集体跳槽到了竞争对手那边，还带走了很多技术资料。

接着，公司销售经理又带走了一批销售骨干。

再后来，采购人员竟然以降低原材料质量为代价与不良供应商狼狈为奸，损害公司利益。

……

从这以后，YY 电子公司的市场份额一落千丈，风光不再。

从这个案例可以看出，虽然 YY 电子公司的领导层的初衷是降低成本，这个想法无可厚非，但是直接简单地削减劳动工资率的结果，反而增加了企业的成本，降低了企业的效益。

这是什么原因呢？难道说财务管理中讲求的成本效益原则，放到人力资源管理中就是错误的吗？

非也。

表面上来看，人力成本与劳动工资率和员工数量直接相关，似乎在现有的员工规模下，削减劳动工资率是降低人力成本的唯一途径。然而，这样的看法是很不全面，也很短视的。原因在于，人力成本还隐藏着另一个重要的变量——生产率。

经济学中，有一个著名的假设，叫做"理性经济人假设"。这个假设可以说是经济学的逻辑起点。它的含义是：假设在每个经济活动中的人，都是利己的。也就是说，假设每个人在经济活动中，都力求以最小的代价，获取最大的利益。

在其他条件不变的情况下，单一削减劳动工资率，有能力的员工在市场上能够找到工资更高的工作，他们更愿意跳槽，去获取更大的利益；而没有能力的员工找不到，他们只好消极怠工，减少对工作的投入。因此，人才将会加速流失。如果企业不采取有力的措施留住人才和提高生产率，那么很快就会面临关键人才的缺位。

且不说这些人才流失很可能损害企业的核心竞争力，单就说企业为填补缺位而招聘的新员工往往因缺乏经验而需要经过一段时间的培训才能使企业恢复原有的生产率，由此而浪费的人力、物力、财力和时间等资源的机会成本将难以计量。

可见，在人力资源管理中，"成本"和"效益"的范围扩大了。

工作中，财务管理者和人力资源管理者需要相互协调、衔接配合的地方很多，而由于知识结构、思维方式等不同，往往容易出现分歧点。但其实财务管理和人力资源管理并不矛盾，关键在于彼此之间相互尊重角色位置，建立信任默契，做事前先把目的和思路统一，找到解决方案并不难。

薪酬管理的误区

虽然"理性经济人假设"看起来的确很有用，但它既然是假设，就必然是有局限性的。有的管理者看到了减薪的危害，就想当然地认为更多的金钱就能鼓励员工更好地工作。然而，这个观点也很片面。让我们来看看 ZZ 机械公司的例子。

【案例分析】——ZZ 机械公司加薪事与愿违

ZZ 机械公司是一家生产型企业。近年来，国家提倡基础设施建设，这个公司生产的挖掘机因优秀的品质、良好的售后服务和价格优势，销售势头很好，净利润和经营现金净流量的增长幅度已连续 3 年大大超过预期目标。而另一方面，生活开支随着通货膨胀大大提高，原有薪酬的实际购买力在不断下降，员工们要求涨薪的呼声很高。于是 ZZ 机械公司总经理会同各部门经理成立了一个薪酬管理委员会，商议员工加薪问题。

根据公司制度规定，调薪的流程为：

财务部经理先做出综合财务分析，再由人力资源部经理提出总体调薪方案，采购、生产、销售、研发、财务和人力资源等各部门经理分别根据总体调薪方案具体列出本部门每位员工的调薪计划，将数据汇总到人力资源部经理处，人力资源部经理将汇总调薪计划提交给薪酬管理委员会共同讨论，通过后由总经理签字盖章执行。如果讨论未通过，就由人力资源部经理修改总体调薪方案，再走一遍流程，直到最终通过。

按照流程，薪酬管理委员会最终确定公司员工薪酬平均提高 20% 的方案，每位员工的加薪幅度由其所在部门经理根据其去年具体业绩情况确定，最低不低于 10%，最高不超过 30%。

然而，ZZ 机械公司公布的这项加薪计划，不但没有达到正面激励员工的预期效果，反而引起了一场轩然大波，有些人因为加薪太少而嫉妒甚至愤怒，而另一些人因为同事们都知道他比其他伙伴收入高而感到苦恼，人力资源部接到的员工投诉因此骤增。

YY 电子公司减薪计划和 ZZ 机械公司加薪计划失败的案例告诉我们，虽然人们关注薪酬问题，但是减薪难，加薪亦难，想要达到正面的激励效果，光靠加薪是不行的。我们应该认识到，能力、岗位、人际关系等因素，公司所处的发展时期以及人才市场行情变化等，都会造成薪酬的差异。不论是公司内部分配，还是公司外部薪酬环境，都难以做到完全的"公平"，公平与不公平，其实是指心理的天平是平衡还是失衡。

与加薪问题相似的是，许多研究都表明，个人奖励不但容易破坏团队协作、降低组织的整体绩效，还容易导致人们认为薪酬与绩效根本无关，而是与溜须拍马和个人关系有关。从心理学来说，奖励也是一种变相的"惩罚"，让没有获得奖励的员工心灰意冷。此外，奖励的导向性使得人们倾向于只做有奖励的事，而忽视那些没有设立奖励但对组织很重要的事。

想一想，这样的结果显然不利于公司的发展，也有悖管理者们的初衷。

过于理性的管理者，往往容易忽视一个事实——工作本身就能给人带来乐趣，这种乐趣反过来会自发地给予员工内在激励，让他们更加愿意投入工作。若企业为员工提供愉快工作的机会，创造温暖友善的氛围，配备先进的技术设备，开展丰富多彩的项目，多多付出关心和赞赏，那么员工会更愿意在这家企业工作，这些努力与加薪付出的成本可以持平甚至比之更少，但它们所带来的有形和无形的整体效益，往往比个人奖励、加薪，甚至股权激励都更好。

综上所述，相信你可以理解，不论你是做哪一类管理工作的管理者，你最好都要兼顾感性与理性，让员工感到在公司里能够愉快地创造价值，让同样的人力成本能发挥更大的效益。

怎么分析岗位价值

不论在哪个企业，员工总是会将自己的报酬同其他人或其他部门对比，如果感觉到不公平，积累到一定程度就会爆发，对工作产生不利影响。

【案例分析】——MM 广告公司的薪酬不公问题

MM 广告公司经过了 7 年的发展，已经有了较大的名气。尤其是承包了好几家建筑设计院的广告，生意更是蒸蒸日上，还大规模地招兵买马。但是问题也随之而来。由于以前公司的业务不是非常稳定，现金流也不固定，公司在新员工的薪酬政策上也就量入为出。当急缺人，不好找的时候，给的薪酬就比较高；而不急缺，人手好找的时候，给的薪酬就比较低。

企业规模小的时候这个问题还不是非常突出，当企业规模变大、业务稳定的时候，矛盾就凸显出来了。有些人进入公司的时机比较好，薪酬就比一般人高出很多；而有些员工尽管能力很强，但因为进入公司的时机不好，薪酬反而比较低。有些员工常常为此抱怨，甚至说："还不如我们先辞职，然后再来应聘，这样得到的收入说不定比现在还高。"MM 公司的士气因而受到了很大的影响。

为了改变公司这种状况，发挥薪酬的激励作用，公司决定进行薪酬改革，彻底解决这种问题。

大家都知道待遇反映了公司对员工的重视程度，也就是说，薪酬应当与岗位价值相匹配。所以，在薪酬设计中，有一个关键问题就是：如何衡量岗位价值呢？

说来容易做来难。比如，采购计划员与销售管理员，哪一个更重要呢？有人认为这样两个岗位性质不同，没有可比性。实际上，在同一个企业工作，哪怕是不同的岗位，员工自己也会进行相应的比较。如果他们都认为自己的贡献大而工资低，就需要人力资源管理者出来做工作了。

人力资源管理者收集意见，对这两个岗位价值做了一个比较。

工作责任。采购计划员对采购的控制和计划，直接影响到企业的主要成本；销售管理员对企业的应收账款进行信用管理。二者都是公司重要的控制点，工作责任同等重要。

工作难度。由于是买方市场，采购计划员在与供应商的交往过程中处于有利地位；销售管理员主要的沟通对象是客户，不确定性大。所以销售管理员的工作难度大于采购管理员。

工作环境。采购计划员需要经常出差组织和比选货源，而销售管理员的办公环境较好，外出较少。

经过以上分析，我们只要给每一个项目赋予不同的分数，就可以进行量化的比较。比如，工作责任和工作难度各占 40 分，工作环境占 20 分，那么我们可以给出如下评分。

（1）采购计划员工作责任 40 分，销售管理员工作责任 40 分。

（2）采购计划员工作难度 20 分，销售管理员工作难度 40 分。

（3）采购计划员工作环境 20 分，销售管理员工作环境 10 分。

分别汇总，就可得到采购计划员的分数是 80 分，而销售管理员的分数是 90 分，总的来说，销售管理员对企业的重要性比采购计划员高一些，所以工资相应地高一些也就是可以理解的了。

可是，若是设备维修工人和一线操作工人这两个岗位，又该怎么比较呢？

可能有人会说，那就比学识与经验、工作责任、工作难度和工作环境吧。但如果这样，比较的维度就变成了 4 个。这就好像我们在用两把不同的尺子测量两个不同的物品，必须经过换算，才能比较两个物品的长度。岗位少还好，岗位一多，问题就会变得非常复杂。所以，要制订统一的尺度，也就是我们所说的岗位价值分析。我们需要建立一个可以适用于企业所有岗位的价值分析模型，通过这个模型对所有的岗位进行评价，才能评估出岗位之间的相对重要性。

如何管理招聘成本

除了薪酬管理，招聘管理也是人力资源管理的重要环节。明白成本效益原则的含义后，管理者可以利用招聘成本效用评估工具，来评估招聘效率，控制招聘成本。

招聘一般是指在人力资源管理者的规划下对员工从招募、选拔、录用到配置到岗的一个循环过程。招聘成本通常包括招募成本、选拔成本和录用成本。

1. 招募成本

招募成本是指企业为吸引企业所需人员而支出的成本费用。主要包括广告费、宣传材料费、会务费和中介费等。如果是异地招募，则还可能会发生差旅费。企业可以使用招募成本效用评估公式来评估招募效率。即：

招募成本效用 = 应聘人数 / 招募成本

计算出的招募成本效用越高，即说明招募效率越高。

2. 选拔成本

选拔成本是指企业对应聘人员进行甄选而支出的成本费用。主要包括顾问费、办公费和调查费等。企业可以使用选拔成本效用评估公式来评估选拔效率。即：

选拔成本效用 = 选中人数 / 选拔成本

计算出的选拔成本效用越高，即说明选拔效率越高。

3. 录用成本

录用成本是指企业从通知选中人员到配置到岗这一期间的成本费用。主要包括手续费、安家费、宿舍租赁费和差旅费等。企业可以使用录用成本效用评估公式来评估录用效率。即：

录用成本效用 = 录用人数 / 录用成本

计算出的录用成本效用越高，即说明录用效率越高。

那么，是否只用这 3 个成本效用评估公式就能衡量人力资源管理者招聘工作的好坏呢？不一定。

我们看招聘工作做得是否到位，不仅需要看成本，还需要看新员工为企业创造的总价值。如果招聘到的新员工创造的总价值低于企业为其所付出的招聘总成本，那么招聘工作就一定是失败的。

所以，我们还要引入另一个公式：

招聘收益成本比公式 = 新员工为企业创造的总价值 / 招聘总成本

其中，招聘总成本不仅包括招募成本、选拔成本和录用成本，还包括培训成本和离职成本。招聘收益成本比越高，通常表示招聘工作做得越好。

需要注意的是，一般认为员工的薪酬成本属于薪酬管理的内容，所以不在招聘管理考虑的范围内。

怎样认识绩效

绩效，是指企业或者上级要求的工作成果。

绩效工资，也就是人们常说的奖金，它是企业根据工作绩效的高低支付给员工的报酬。与基本工资相比，绩效工资的支付时间可以根据需要灵活安排，金额变化幅度较大，可以有多种表现形式，例如销售提成、计件工资等。

绩效工资的主要功能就是提高员工的工作绩效。绩效工资在薪酬支付中所处的地位、金额确定的标准以及个人绩效与团队绩效的关系等问题，都是绩效工资设计中的关键问题，因此，正确地认识绩效、测量绩效，是使绩效工资有效发挥激励作用的前提和基础。

【案例分析】——GG 配件厂厂长的困惑

GG 配件厂是一个国营的老厂，老李是 GG 配件厂的厂长。前些年，上级领导让 GG 配件厂走向市场，可是这个厂退休职工多，包袱重，再加上国家政策放开后，许多民营企业进入这一领域，竞争激烈，效益连续 3 年迅速下滑。厂里产品滞销，库存积压，资金周转很困难，再这样下去，要不了多久，可就要连员工薪水都发不起了。眼看厂长的位置就快不保，老李终于横下心，决定背水一战。

为了调动全厂职工的销售积极性，老李决定改变原来"吃大锅饭"、干好干坏一个样的分配方式，设立奖金，大幅提高销售提成，全员都可以销售产品，奖金上不封顶。

动员大会一开完，大家开动脑筋，各显身手，连不少技术人员都拿到了销售提成，库存很快减下去了，销售业绩好的员工得到了高额奖金，厂子也活了。老李大受鼓舞，既然用钱激励，员工就能做好工作，那就把这个方法推而广之，提高产品质量，改进生产工艺，研发新产品，将来还要扩大产销量。于是老李召集各级干部开会，要求所有车间主任、部门经理充分发挥奖金的作用，扩大奖励范围。

才一年时间，GG 配件厂投产了许多新产品，销售额比上年增加了 8 倍，员工收入也翻了番。可是到了第二年，出现了一些新问题。比如，有的部门员工得了奖金，必须请客；过去正常的工作总结和计划，现在也得发点奖金才能按时完成。老李甚至听说，部门经理或车间主任给下属申请了奖金，下属会以某种方式回报。总之，全厂员工唯利是图的风气在上升，企业成本费用也随之上升，工作却变得不那么好做了。

这究竟是为什么呢？

老李组织干部们开会讨论，奖金到底该怎么发？干部们唇枪舌战，讨论了一天，分成了各不相让的两派。一派是以行政部经理为代表，且称为"守城派"；而另一派是以销售部经理为代表，就称为"攻城派"。

守城派认为：工资是员工正常工作的回报，而奖金应是对集体工作成果的奖赏。员工们各司其职、精诚协作，才能完成厂里的利润指标，所以奖金应当在年底经过核算后发放。

攻城派认为：奖金应是对个人工作成果的奖赏。即便厂里效益不够好，如果某个员工个人做得好，也应该给他发奖金。厂里效益的好坏与决策有很大的关系，不应该归咎于基层的员工。

GG 配件厂的奖金怎么发，根本问题是各方对绩效的认识不同。经过了一年的运行，GG 配件厂的奖励范围过大，在员工们看来，原有的基本工资太低，绩效工资成了每月必有的刚性收入，已经失去了激励的功能。如果减少绩效工资，就等于降低了收入，员工们当然不会答应。而在老李看来，绩效工资就是用来提高员工工作绩效的，绩效不好时，就不应该发奖金。

守城派和攻城派的争论，关键在于个人贡献对绩效的影响大小。如果一个岗位，绩效与工作者的个人工作技巧有很大的关系，绩效工资就不能受公司整体效益的影响，而应该独立存在，例如销售人员的销售提成，如图 11-1 中绩效工资 A 所示；如果一个岗位，换一个工作者，一般不会引起工作价值的变化，就说明绩效与个人贡献的关联不大，那么绩效工资就应作为岗位工资的一部分，如图 11-1 中绩效工资 B 所示。而图 11-1 中的绩效工资 C 则是绩效工资 A 和绩效工资 B 的结合形式。

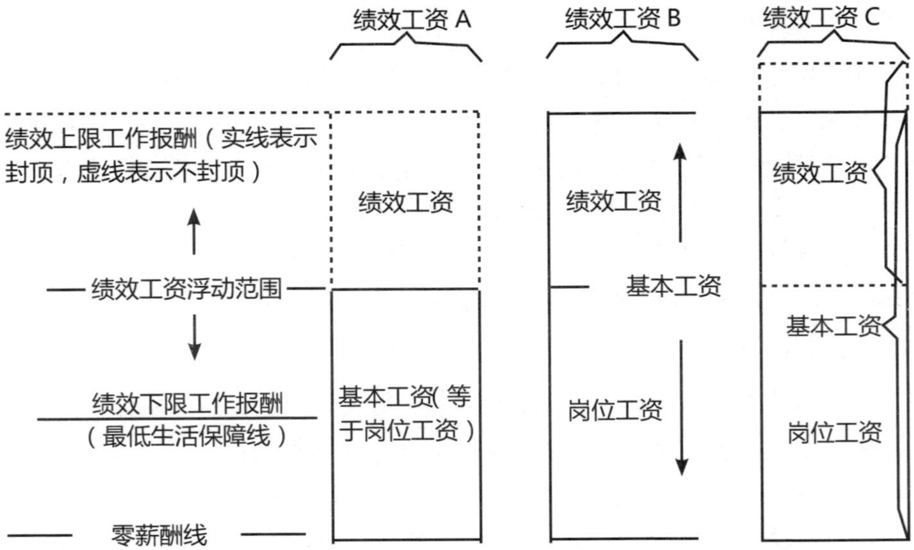

图 11-1　工资结构图

GG 配件厂的奖金本来是按绩效工资 A 的方式发放，但实行到后来员工将其理解为绩效工资 B 的方式，攻城派更认为是上不封顶的绩效工资 C 的方式，同样的绩效水平，支付的薪酬成本提高了，所以后来老李感到工作难做了。

如何认识绩效工资的变化

GG 配件厂的事例，说明企业绩效工资的发放方式与工作绩效的变化、企业原有的工资水平、企业的发展阶段以及内外部环境等有关，而并不是一成不变的。

在一个内外发展稳定的环境下，对于工作内容和工作范围相对固定的岗位，可以采用绩效工资 B 的方式，以获得任职者长期稳定的贡献；而在一个短期激烈竞争的氛围中，工作内容和工作范围变化较大的情况下，绩效工资不应纳入岗位工资，而应采用绩效工资 A 的方式发放，以获得任职者短期内独特的个人贡献。为了说明不同绩效工资方式分别在何种情况下适用，请大家一起来看表 11-1。

表 11-1 不同绩效工资方式的应用对比表

对比项目	绩效工资 A	绩效工资 B	绩效工资 C
应用环境	短期激烈竞争的氛围	内外发展稳定的环境	适度竞争的环境
绩效工资在工资结构中的位置	不包含在岗位工资中	包含在岗位工资中	部分包含在岗位工资中
职责要求及重点	基本职责不出错，奖励突出贡献	职责内容都需要做好，发放完全的基本工资	未达到绩效要求扣基本工资，绩效优秀则获得奖励
设置目的	获得任职者短期内独特的个人贡献	获得任职者长期稳定的贡献	获得任职者能力的提升和越来越大的贡献
典型应用	销售人员的提成；对任职者突出贡献的额外奖励	管理型、参谋型职位的年度奖金	职责内容有适度变化的人员

续表

对比项目	绩效工资 A	绩效工资 B	绩效工资 C
工作任务的不确定性	高度的不确定性，需要灵活的处事方式、工作技巧和运气	较低的不确定性，有全面扎实的工作基础，只要态度端正，工作结果就可控	不确定性适中，有一定的工作基础，工作结果主要受任职者的能力和态度影响
对任职者的要求	不注重资历和等级，综合能力满足基本要求即可，但需要任职者有强烈的开拓创新意愿，且自我管控能力强	注重资历，对任职者综合素质要求高，需要遵守现有的规则和条件，稳定地发挥个人能力	注重任职者的综合能力和学习提升的意愿，在现有的制度下能适度地开拓创新
给付时间	短周期，即时发放	长周期，阶段性发放	即时发放与阶段性发放相结合

如何设置绩效考核指标

企业的最高权力机构是股东会，企业经营最终要实现股东权益最大化。可是，企业如何才能使上到总经理，下到基层人员的所有员工齐心协力实现这个目标呢？这就需要将目标层层分解到绩效责任单位，然后根据绩效考核指标，才能按照目标的完成情况对责任人进行合理奖惩、有效激励。

绩效责任单位在财务管理中又被称作责任中心。责任中心分为利润中心、投资中心、收入中心、成本中心及费用中心。

设置绩效考核指标应当遵循权利与义务对等的原则，责任中心的责任人只对其可控的因素负责。对于不同的责任中心，选取的考核指标也不同。下面我们就对不同类型的责任中心一一进行分析。

1. 利润中心

利润中心指其责任人既对收入负责，又对成本负责的责任中心，例如子公司。

利润中心可能分为两个层次，其中较高层次的利润中心是以总经理为责任人的公司整体，总经理不具有股东的身份，是职业经理人；较低层次的是以事业部总监为责任人的事业部主体，事业部总监也是职业经理人。作为利润中心的负责人，总经理和事业部总监都没有投资和融资决策权，并且总经理的业绩目标需要通过完成事业部的业绩目标来达成。

总经理具有的经营决策权是完整的，所以能够在公司的财务会计报表上予以独立体现；而事业部总监具有的经营决策权是不完整的，所以他们的业绩只能单独编制管理会计报表分别加以体现。

管理会计报表中的利润不等于财务会计报表中的净利润。因为事业部总监对管理费用和销售费用没有完全的决策权，所以他们不应该对管理费用负完全的责任，故而在考核这一层级利润中心时，所选取的利润指标并不是利润表中的净利润，也不是息税前利润，而是用收入只减去这一层级利润中心可以控制的销售费用和管理费用所算出的"利润"，我称之为责任人可控利润。

利润中心的责任人虽然不能独立决定对外投资，但却是可以影响营运资本的，例如因扩大销售而引起的营运资本增加，因改变信用销售的收账期而引起的营运资本增加，因存货周转期延长而引起的营运资本增加等。因此，为了让利润中心责任人在决策时能够兼顾利润和现金流，不少公司用经营活动现金流来考核利润中心责任人。

2. 投资中心

投资中心首先是一个利润中心，它具有利润中心的一切权责；同时投资中心比利润中心还多了一项权力——对外投资。如果子公司拥有对外投资的权力，则这个子公司是投资中心；如果子公司没有对外投资的权力，那么它只是一个利润中心。

对投资中心的责任人又该如何选取考核指标呢？

我们把目光锁定在总资产收益率、净资产收益率这两个指标上。它们都是资产负债表和利润表的综合指标。那么究竟其中哪个指标更合适呢？这主要看哪些因素对责任人来说是可控因素。

如果投资中心的责任人集经营、投资、融资 3 种决策权于一身，那么经营杠杆、财务杠杆和总杠杆对于投资中心的责任人来说就都是可控因素，也就是说他能完全决定资本结构。在这种情况下，他应该对股东权益负有完全的责任，因此选择净资产收益率作为考核他的指标是更合适的。

如果责任人只有经营和投资决策权，没有融资权，那么他就只能决定经营杠杆而不能决定财务杠杆，也就是说资本结构对他来说是不可控因素。在这种情况下，选择总资产收益率作为考核他的指标更合适。

3. 收入中心

收入中心是只对收入负责而不对成本负责的责任中心，例如对销售收入和销售费用负责任的销售部门、销售分公司。

影响销售收入的主要因素有销售价格、销售量、销售折扣；影响销售费用的主要因素有销售员人数、销售佣金等。

如果收入中心对影响销售收入和销售费用的这些因素都有决策权，那么其责任人就要对毛利润负责；如果收入中心不能决定销售价格和销售折扣，那么收入中心只应对收入负责，不应对毛利润负责。

为了控制营运成本，还会把应收账款周转期和存货周转期作为收入中心的考核指标。另外，为了控制坏账风险，坏账损失率也是收入中心的考核指标之一。

4. 成本中心

成本中心是只对成本负责而不对收入负责的责任中心。只要有成本发生的地方，都可以建立成本中心，形成逐级控制、层层负责的成本中心体系。广义的成本中心包括费用中心，而狭义的成本中心特指直接成本中心，例如生产车间。

成本中心通常只对可控成本承担责任。以工业企业为例，可控成本包括产品生产过程中发生的直接材料、直接人工和制造费用等。因为投入量和产出量之间有直接的关系，所以容易量化考核。

5. 费用中心

特指投入量与产出量不直接相关，且只对费用负责不对收入负责的责任中心，例如人力资源部、财务部等。与成本中心的成本不同，费用中心的费用在投入量与产出量之间没有直接关系，难以量化考核，费用是否发生以及发生数额的多少是由管理人员的决策所决定的，例如招聘费、广告费和培训费等。实际费用只要在预算费用合理范围内，且达到了预期效果，就是可以接受的。可将上述内容总结成一张表格，如表11-2所示。

表 11-2　各种责任中心的绩效考核指标表

责任中心	职责	责任人的权限	绩效考核指标	举　例
利润中心	较高层次：既对收入负责，又对成本负责	有完整的经营决策权	1. 息税前利润；2. 经营活动现金流	没有投资和融资决策权的总经理
	较低层次：既对收入负责，又对成本负责	有本部门的经营决策权	1. 责任人可控利润；2. 经营活动现金流	没有投资和融资决策权的事业部总监
投资中心	既对收入负责，又对成本负责	有经营决策权、投资决策权、融资决策权	净资产收益率	经营、投资、融资三权合一的总经理
		有经营决策权、投资决策权，没有融资决策权	总资产收益率	没有融资决策权的总经理
收入中心	只对收入负责而不对成本负责	有销售价格、销售折扣、销售员人数、销售佣金决策权	1. 毛利润；2. 应收账款周转期；3. 存货周转期；4. 坏账损失率	对影响销售收入和销售费用的主要因素都有决策权的销售部经理
		没有销售价格和销售折扣决策权	1. 收入；2. 应收账款周转期；3. 存货周转期；4. 坏账损失率	没有销售价格和销售折扣决策权的销售部经理
成本中心	只对成本负责而不对收入负责	特指投入量与产出量直接相关的责任中心	1. 预算成本；2. 人员利用率；3. 固定资产周转率	生产车间主任
费用中心	只对费用负责而不对收入负责	特指投入量与产出量不直接相关的责任中心	预算费用	财务经理；人力资源经理

12

多重风险警戒，
防止企业一夜破产

企业中存在着各种各样的风险因素，而且这些风险因素还在不断地变化。一旦风险因素贯穿了企业的多重防御系统，就会导致大事故发生。

本章将告诉你如何分析和评估企业风险，如何建立财务危机预警系统，如何发现危机征兆以及如何应对风险。

【本章要点】

企业经营中不可忽视的风险管理

"千里之堤，溃于蚁穴"，风险管理在企业经营中最容易被忽视，但是一旦危机爆发，就会对企业造成严重的影响。

风险，可以说人人都有所了解，但又人人都说不全、讲不清。本书不是一本研究理论模型的专著，因此我认为不需要对风险下一个严格的定义。但是，前人对风险做出了一些比较典型的分类，可以加深并拓展我们对于风险的认识，下面我就为大家简要地介绍这些分类。

（1）按照风险导致的后果，可将企业风险分为纯粹风险与机会风险。

纯粹风险。指只有损失的可能而没有获利机会的风险。例如：仓库着火、机器被盗。

机会风险。指既存在损失可能性，又存在获利可能性的风险。例如：原材料的价格风险。

（2）按照风险的起源，可将企业风险分为基本风险与特定风险。

基本风险。指由个体不能阻止的因素引起的、通常损失波及范围很大的风险。例如：地震、洪水、罢工、战争。

特定风险。指个体引起，并应由这些个体承担责任的风险。例如：盗窃、纵火、故意伤害。

（3）按是否因融资而产生，可将企业风险分为财务风险与经营风险。

财务风险。指因融资决策而产生的企业风险。例如：贷款风险。

经营风险。指除融资决策之外，因企业生产经营的不确定性而产生的风险。例如：产品质量风险、客户信用风险。

（4）按是否可以分散，可将企业风险分为系统性风险与非系统性风险。

系统性风险。又称不可分散风险，指由一些影响全局的因素带给整个市场所有企业的风险。例如：战争、经济衰退、通货膨胀、利率风险、特大自然灾害、政策风险等。

非系统性风险。又称可分散风险，指个别企业因受到个别事件的影响而产生的风险。例如：产品开发失败、员工滋事、销售渠道不畅、融资不顺利等。

如何分析和评估企业风险

评估企业风险，首先需要参与人员对形势、项目和企业都非常了解，在此基础上才能对风险发生的可能性和风险对商业活动的影响做出较为可靠的评估。在对商业活动面临的风险进行认真分析和评估之后，我们才能根据轻重缓急，确定风险管理的目标及其应对策略。

以编写一本管理工具书这个项目为例，我们可以做一个影响因素分析图解，找出此项目风险的主导因素和主要结果，步骤如下。

（1）用一句话概括项目问题，即："影响写书效率的因素"。

（2）确定有哪些因素会影响该项目，如：减压措施少、被批评或自我批评、心情不好、质量不高、精神状态不佳、失眠、焦虑、思想负担重、环境嘈杂、缺乏信心、缺乏方法、缺乏知识、目标过高且过分超出能力范围、精力分散、被打扰、转移目标、没灵感、没实战经验和缺乏支持等。注意，所列举的因素不应超过 20 个，只需简要列明主要的影响因素。

（3）把那些会影响项目顺利完成的因素排列出来，同时两两之间留出足够的空间以便添加箭头（不要画双箭头；箭头应从原因指向结果）。

（4）在排列出来的影响因素中，找出相互作用或相互影响的因素，并用箭头将它们关联起来（相互没有影响的因素之间不画箭头）。

（5）检查是否完整而精确。

（6）在每个因素下面标明指向和指出的箭头数量。

（7）指出箭头最多的因素就是主导因素；箭头指向最多的因素就是主要结果。

画好的影响因素分析图解如图 12-1 所示。

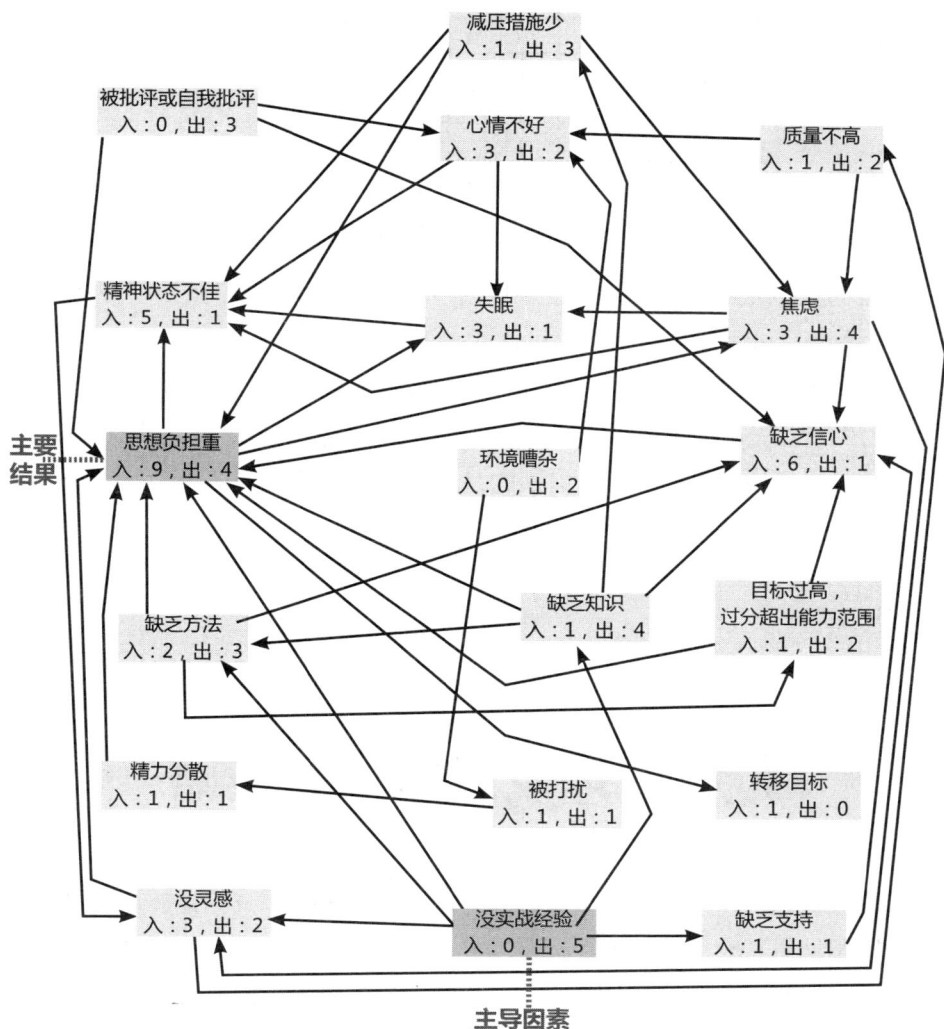

图 12-1 影响写书效率的因素

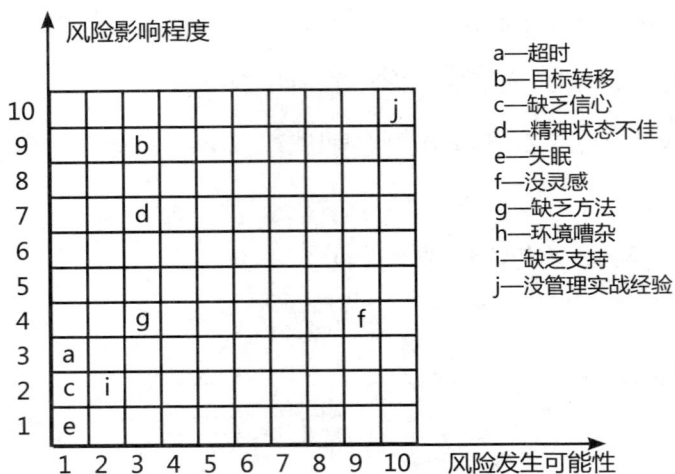

图 12-2　风险评估图

　　图 12-2 是一幅风险评估图，其中，风险发生的强度是以风险发生时所产生的影响程度乘以风险发生的可能性来计算得出的。数值越高，风险越大。横轴表示风险发生的可能性，纵轴表示风险发生时对商业活动的影响程度。由参与人员首先尽力列出危及商业活动的风险，然后再将这些风险填入图中。填的时候需要注意，最先应当填入的是会使商业活动完全失败的风险，即风险发生时对商业活动的影响程度为 10 的风险。

危机管理及风险应对策略

　　风险评估虽然不可能完全列明所有风险，但是对于我们把握风险可承受程度以及针对特定风险管理目标采取合适的行动，有相当大的帮助。不论这些风险是否长期存在，或是不断变化，我们都可以不时地采用这种风险评估方法，防患于未然。然而如果危机真的来临，企业也需要组建高效率的危机管理小组，来领导危机管理工作。

危机管理小组可以从各个部门临时抽调人员共同组成，其中必须包括以下成员。

关键管理者。关键管理者能赋予危机管理小组以权威性，需要由具有良好的情绪控制能力和解决问题能力的领导者担任。

业务专家。业务专家主要包括生产负责人、销售负责人、售后服务负责人等熟悉生产流程和产品流通过程的人员，把他们纳入危机管理小组有利于处理与业务有关的问题。

沟通专家。由擅长沟通的人做好危机管理过程中各方面的协调工作。

公关人员。由熟知社会公众心理、具有公关活动策划经验和很强的应变能力的人员担任。发挥公关人员的主动性与创造性，策划一系列的公关活动，与沟通专家配合，有利于维护企业形象，甚至变危机为契机。

新闻发言人。危机发生时，企业需要选派新闻发言人，以做到口径一致、及时准确地向外界传递信息，解除公众的疑虑与误解，恢复其对企业的信任。

美国 COSO 委员会提出了《企业风险管理——整体框架》，英文是 Enterprise Risk Management——Integrated Framework，简称 ERM 框架，旨在为企业风险管理提供清晰的方向和指南。按照 ERM 框架，风险应对策略包括风险接受、风险规避、风险分担和风险减轻 4 种类型。

风险接受。指企业采取主动接受或被动接受的态度，承担风险后果。

风险规避。指企业回避、停止或退出蕴含风险的商业活动或商业环境，避免承担风险后果。

风险分担。指企业将风险全部或部分转移到第三方，例如保险。

风险减轻。指通过控制风险事件发生的动因、环境和条件等，达到减轻风险事件发生时的损失或降低风险事件发生概率的目的，可以运用在运营风险、质量风险、安全风险、环境风险和合同风险等可控风险对象上。

仍以编写图书的项目为例，说明如何选用风险应对策略。

首先明确自己出书的目的，是为了钱？是有故事想分享？是为了给自己留作纪念？是为了萃取知识结晶？还是整体营销方案的一步？

（1）出书不但要有长期的积累和沉淀，还要耗费大量的精力和时间，如果只是为了赚钱，那么可以采取风险规避的策略，直接回避、停止或退出，因为写书并不是高利润项目。

（2）如果是有故事想分享，利润不高也可以，而且时间精力很多，那么可以选择风险接受。

（3）如果是为了给自己留作纪念，或是整体营销方案的一步，不但不赚钱还愿意为此花钱，那么可以选择风险分担，自己口述并提供素材，由别人代笔。

（4）如果既不是为了钱，又不是为了名，而是为了萃取知识结晶，更好地服务于知识消费者，这种情况最好自己动笔。在接受风险的同时，通过控制风险事件发生的动因、环境和条件等，采取各种措施减轻风险。

如何建立财务危机预警系统

为了防止企业一夜破产，建立一套财务危机预警系统，及时发出危机警报，是很有必要的。这里向大家推荐美国的爱德华·阿尔曼提出的"Z 计分模型"财务危机预警系统。

Z 计分模型是运用多变模式思路，建立多元线性函数公式，把财务比率和多元判别分析方法结合在一起。它通过计算企业破产可能性，对企业发生财务危机的可能性进行预测。

Z 值的计算公式为：

$$Z=1.2X_1+1.4X_2+3.3X_3+0.6X_4+0.999X_5$$

其中：X_1= 营运资金 / 总资产 =（流动资产 - 流动负债）/ 总资产，反映企业偿债能力。

X_2= 留存收益 / 总资产，反映企业资本积累。

X_3= 息税前利润 / 总资产，反映企业获利能力。

X_4= 股东权益市值 / 总负债账面价值，反映投资人对企业的预期。

X_5= 销售收入 / 总资产，即总资产周转率，反映企业营运能力。

Z 计分模型的意义是，Z 值越低，企业越容易发生破产。

爱德华通过测算，对判断破产可能性的临界点给出了经验值，如图 12-3 所示。

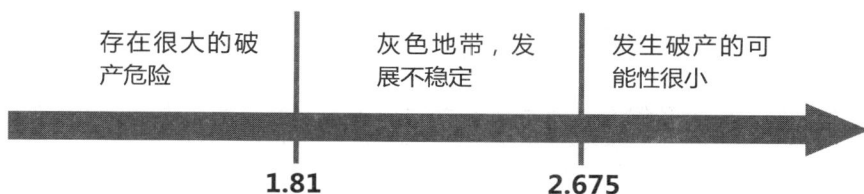

图 12-3　Z 计分模型破产临界值

【案例分析】——美衣坊服装有限公司 Z 值计算

如表 12-1 所示为美衣坊服装有限公司 2015 ~ 2017 年的部分财务数据，其中除息税前利润和销售收入以外，其余指标均是年初值与年末值之和除以 2 所得到的平均值。

表 12-1　美衣坊 2015 年～ 2017 年的财务数据　　单位：万元

财务指标	2015 年	2016 年	2017 年
营运资金	475 037	602 719	648 805
总资产	1 487 809	2 098 608	2 390 927
留存收益	308 708	454 355	604 585
股东权益	521 931	772 907	923 137
总负债	965 878	1 325 701	1 467 789
息税前利润	253 546	397 098	409 910
销售收入	1 233 844	1 583 011	1 699 959

根据 Z 值的计算公式，可以得到如表 12-2 所示的值。

表 12-2　美衣坊 2015 年～ 2017 年的 Z 值计算表　　单位：万元

财 务 指 标	2015 年	2016 年	2017 年
X_1	0.32	0.29	0.27
X_2	0.21	0.22	0.25
X_3	0.17	0.19	0.17
X_4	0.54	0.58	0.63
X_5	0.83	0.75	0.71

根据 $Z=1.2X_1+1.4X_2+3.3X_3+0.6X_4+0.999X_5$，可以进一步算出 2015、2016、2017 年的 Z 值分别为 2.39、2.38 和 2.32，对照图 12-3 可知，美衣坊服装有限公司处于发展不稳定的灰色区间，并且 Z 值虽然还没有达到破产临界值 1.81，但是 Z 值的变化趋势是在逐渐降低，所以应当保持警觉，采取措施，防止 Z 值继续降低。

建立财务危机预警系统需要一定的技术和资源，系统建立后，还要安排专人负责实施和维护，并向员工讲解财务危机预警系统的功能。

以下是关于财务危机预警系统对性能要求的 4 条参考标准：（1）能够准确地对财务危机进行预警，既不会错报，也不会漏报；（2）易于被接受警报的人理解；（3）系统感应信号时要能及时发出警报；（4）系统易于管理和维护。

通过哪些征兆可以预见危机

"Z 计分模型"财务危机预警系统是建立在经验值数学模型基础之上的，因此其准确性会受到样本的影响。除了可以利用财务危机预警系统预见危机以外，很多危机发生之前，都会暴露一些征兆，这些也是危机爆发前的预警信号，应该引起我们的高度重视。

财务指标恶化。财务指标接近预警临界点。

客户投诉索赔激增。它是产品和服务质量下降的标志。

销售收入持续下降。它是企业效益下降的标志，有时候也是行业萎缩的标志。

公开发布或者媒体报道的负面信息。投资者会对公开发布的信息进行解读，客户也会通过网络、电视、报纸等媒体了解企业，这些渠道传播面广，是社会公众了解企业的主要途径，其影响不可小视，尤其是负面信息。

恶意散播的谣言。对产品或服务不满的客户可能会因报复心理而散播谣言；同行也可能会采取不正当手段恶意诋毁自己的竞争对手；一些别有用心的人为了自己的利益甚至还可能会散播有关国家政策的小道消息。这些都有可能对企业造成影响。

产品自身缺陷或服务不完善。产品自身因设计或生产原因而存在缺陷，或者售前、售后服务不完善，必然会造成客户不满，影响企业的形象。

过分追求多元化或扩张。多元化或扩张策略容易使企业发展速度过快，往往超出企业的承受能力。

关联企业濒临倒闭。关联企业的倒闭可能会使本企业也陷入危险的境地。

产品滞销和库存积压。产品滞销主要有三大原因，一是产品不能满足客户的需要，二是营销不力，三是性价比不高。不解决这些问题就会导致库存积压，占用大量的流动资金，使企业资金周转不畅，这也是很危险的。

成本大幅上升。成本大幅上升将挤压企业的利润空间，企业必须对成本保持敏感，认真研究对策，否则可能会因失去造血功能而衰亡。

员工士气低落和人才外流频繁。它是人力资源危机的标志。

产品过时或失去主要市场。人们对产品功能和样式的要求越来越高，企业如果不能顺应潮流而不断创新，就容易因市场上同质产品过多而失去主要市场。

管理者 14天轻松看透财报

13

如何通过财务数据分析企业成本控制

几乎每一本有关财务的著作里面，都会提到五花八门的"成本"以及成本分类方法，而且不同的著作中，"成本"的含义往往不尽相同。其实，不论成本披上怎样的外衣，成本的本质其实就是4个字——"价值牺牲"。

围绕着成本，还有许多有意思的问题，例如：成本控制就是削减成本吗？什么是固定成本和变动成本？盈亏平衡点怎么算？销售量、销售单价、单位变动成本、固定成本的微小变化，对利润产生影响的方向和程度是怎样的？

本章将会揭开迷雾，为你一一道来。

【本章要点】

剥去成本五花八门的外衣

"成本"这个概念的内涵和外延之多，令人咂舌。几乎每一本有关财务的著作里面，都会提到五花八门的"成本"以及成本分类方法，而且不同的著作中，"成本"的含义往往不尽相同。成本就好像是一位狡黠的魔法师，令许多不明就里的人感觉难以捉摸。

其实，不论成本披上怎样的外衣，不论它在不同的场合和不同的人眼里，形象如何变化多端，成本的本质其实就是 4 个字——"价值牺牲"。

比如说，如果你有一个做 IT 公司程序员的工作机会，而你选择了回家务农，那么放弃 IT 公司程序员的工作机会就是你的一种价值牺牲，这叫做"机会成本"。

如果你是家具企业的管理者，制造家具需要一种零件，你可以选择外购，也可以选择自制，相应地就会预计外购的成本是多少，然后和你预计自制的成本做个比较。这个时候，就出现了所谓的"预计成本"，也就是你预计的价值牺牲。而预计外购成本和预计自制成本的差异，即称作"差异成本"，也就是这两种价值牺牲的差异。

如果同样一台设备，你几年前购买的时候花的钱是 10 000 元，那么这是"历史成本"，也就是历史上的价值牺牲。有历史上的价值牺牲，那么与之相反的概念就是未来的价值牺牲，即"未来成本"。未来成本既然是未来的，还没有发生，那必然就是你预计的，所以"未来成本"和"预计成本"这两个概念其实是一个意思，千万不要被这些名词迷惑了。

如果你站在现在的这个时点上，想重新购置同样的一台这种设备，只需要花 7 000 元，那么这是"现时成本"，也就是现在的价值牺牲。你也可以把它叫做"重置成本"，也就是重新购置设备的价值牺牲。

如果你的企业接受了一批订单，所以需要购买一台机床，但资金却紧张，可以选择分期付款的方式，这样虽然总成本高一些，但是"付现成本"较低，也就是支付现金的价值牺牲较低。

如果你是一支舰队的指挥官，在做作战决策的时候，不必考虑过去已经发生的价值牺牲，因为它就像一艘沉船，已经沉没在茫茫大海之中，无可挽回，所以你所要做的就是"断舍离"，接受这一事实，然后重新开始。我们也可以把这艘沉船形象地叫做"沉没成本"，你不用再考虑沉船，而只需考虑如何用现有的舰船作战。

沉船已经是"无关成本"，而现有的舰船才是"相关成本"。

除此之外，还有许多种"成本"和许多种"费用"，它们的分类标准不是唯一的，而是相互交叉的。

在会计学领域，一般认为成本是"对象化"的费用。由此衍生出"直接成本（Direct Cost）"，即指能"直接"对象化的费用；而"间接成本（Indirect Cost）"则指能"间接"对象化的费用，这是按照成本会计核算的程序来分类的。

财务会计中，常说的"成本"指"营业成本（Operating Cost）"，而在主营业务不同的企业中，营业成本的含义也不同。单纯的商品流通企业中，营业成本主要是指"销售成本（Selling Cost）"，即购进的货品成本；单纯的服务公司中，营业成本主要是指"劳务成本（Service Cost）"，即提供劳务的成本；然而在制造业中，"成本"指"生产成本（Production Cost）"，一般不用"营业成本"的概念。

同时，财务会计中常说的"费用"指"期间费用（Period Cost）"，特指不能"对象化"的费用。

在管理会计中，对"成本"和"费用"未做严格的区分，指的是广义的成本（费用），它们的英文都是同一个单词——"Cost"。这就是本章中"成本"的涵义。如图 13-1 所示的是这些五花八门的"成本"。

图 13-1　五花八门的"成本"

成本控制就是削减成本吗

弄清了本章中"成本"的涵义，下一步我们就可以进入正题，来探讨"成本控制"。

许多人认为，成本控制就是削减成本。这个理解正确吗？

我们现在已经知道，成本指价值牺牲。对于一个企业来说，逐利是它存在的意义，所以价值是不能随随便便牺牲的，这种价值牺牲的目的一定是为了获取更大的价值回报。

注意，这里就产生了一个不等式：价值回报＞价值牺牲。

控制是什么？控制就是采取一系列的决策或措施，使企业通过运作，实现它的目标。企业的目标就是使企业价值最大化，也就是"价值回报－价值牺牲"这个差额越大越好。在价值回报一定的前提下，削减成本是成本控制的有力措施，但是如果削减成本带来的是价值回报更快的下降，那么这也是一种失控。

可见，成本控制并不完全是削减成本。

比如，电商有推广费的预算，如果你推广费一分没花，貌似是削减了成本，但却会直接降低企业的获客能力，难以实现企业的业绩目标。

又如，给销售人员的提成是与销售回款正相关的，提成越多，说明销售回款越多，这种成本反而越多越好。

可有人又会问了，不削减成本，怎么能够称作是成本控制呢？

其实，要落实成本控制，可以做的事情很多。以采用标准成本法的制造企业的生产成本为例，在成本发生之前，根据历史资料和技术测算，预先制定出标准成本，作为衡量成本的尺度，这叫事前控制；在生产过程中，将产品的实际成本与标准成本做比较，及时改进，这叫事中控制；成本发生后的一段时间内，计算出实际成本与标准成本之间的差异成本，分析产生差异的原因，明确责任，评估业绩，这叫事后控制。

不光是生产成本，大部分成本都可以采用"事前——事中——事后"三段式进行控制。但也有一些成本不在管理者的控制范围内，这些成本称作"不可控成本"。比如，在原材料供应平稳的前提下，我们不能把原材料价格方面的责任归咎于生产车间主任，这应该是采购部门经理负主要责任，对于生产车间主任来说，它是不可控成本；但对于采购部门经理来说，它却是可控成本。每个部门的管理者只对自己权限范围内可控的成本负责。我们对部门管理者进行业绩评价，也需要考虑其对该部门可控成本的控制是否合理。

前面举例中的电商推广费，相关职能部门不应全部削减，而是量入为出定预算——事前控制；多种途径作比较——事中控制；该花就花看效果——事后控制。

采购成本要如何控制

企业里常见的部门有采购部门、生产部门、管理部门、库存部门、营销部门等，每个部门都有它涉及的成本。如果想要节流，一般应该先从哪个部门开始呢？

我们可以这样想：既然企业关注节流，说明企业管理者开始寻思降低成本来减少资金压力。削减成本要想短期内见效果，最容易想到的就是选择在总成本中所占比重较大的，并且削减后对企业价值回报没有负面影响的成本。因为削减营销成本会对开源有直接的负面影响，所以营销部门会被放到最后。要让客户满意，产品质量必须过关，所以不能偷工减料，而调整生产中的流程或生产人员的工资则需要慎之又慎，因此生产部门也会被放在后面。在采购部门、管理部门、库存部门三者中，最没有争议的应该就数削减采购部门成本了。

采购部门的可控成本主要包括外购产品或服务的成本、物流成本以及采购人员差旅费等，具体实施控制时要注意以下几点。

1. 不要指望采购员砍价

采购员是企业开支的第一关，但也是最容易被攻破的。采购员在很多企业里都是美差，他们经常与供应商打交道，往往会得到供应商的种种好处，自然而然地会与供应商形成某种纽带关系。因此，不要指望采购员去砍价。

企业发展有了一定规模之后，就应该选任砍价专家，他们的职责就是把外购产品或服务的价格压到最低。随着企业的发展壮大，采购金额也越来越大，好的砍价专家能为企业节省更多的外购成本。因此，企业最好选用办事讲原则、很重视细节、了解产品或服务的行情且又对企业忠实可靠的人来担任砍价专家。砍价专家这个角色不一定非得在采购部门内部找，也不一定是专职人员。企业可以从其他部门或者第三方选择合适的人来做。这种来自外部的力量可以冲击采购员与供应商的个人关系，迫使供应商大幅降价。因此，不要让采购员一个人单独去定价。

2. 选择正确的产品或服务

选择正确的产品或服务是首要原则。如果企业需要某种产品或服务，那么先要认真研究，比较分析，找到恰当的生产厂家或服务商、型号和外观。购买错误的产品或服务的代价是严重的，不但会浪费金钱和时间、扰乱生产计划，还可能会使企业丧失信誉。

3. 选择供应商需考虑的因素

除了选择正确的产品或服务外，选择供应商也很重要。好的供应商除了要向企业提供所需的产品或服务，还应该在如下方面具有优势：距离、价格、送货时间、信贷条件、质保、售后支持与服务、专业培训、实力和信誉等。在选择供应商时，可以把这些因素按照对企业的重要性进行排序，做出综合评价。

4. 试用

试用可以大大降低企业的成本。如今，各行各业都在拼命地做成生意，供应商对产品越有信心，这种做法越可行。而且在许多行业，这种先试用后购买的方式是很常见的。试用可以充分测试产品是否合用，降低了企业的信誉风险，也降低了企业的采购成本和库存成本。如果卖不出去可以退货的话，还能降低客户品味改变和商品过时的风险。

5. 参加行业交易会

企业应当密切关注与本行业以及上下游行业相关的产品或服务的价格，而参加行业交易会是一个很好的方式，在那里你可以集中了解到相关产品与服务的最新动态，集中比选供应商，集中了解竞争对手的产品或服务及其价格，集中砍价。这样做还有一个好处是，企业能够节约一大笔采购人员的差旅费。

管理成本要如何控制

管理部门是企业中负有管理职责的费用中心，如行政部、人事部、财务部和总经办等部门。管理成本主要指这些部门的日常费用以及公共的开支。控制管理成本可以从哪些方面着手呢？

1. 坚决控制新增成本

要控制管理成本，首先总经理要坚决控制新增成本。

作为总经理，许多管理部门常常会告诉你员工如何超负荷工作，软硬件设备设施如何不够用。作为总经理要辩证地看待这个现象，千万不要随便答应增加成本的要求。有的时候，这只是他们完不成任务的托辞，需要的其实是改进流程、增加培训、提高效率，而并非真正需要增加人手或设备等；也还有时候，这是部门之间的不平衡造成的，有的部门人浮于事或设备利用率不高，而同时另一些部门却累死累活，或缺乏必要保障。

如果是第二种情况，作为总经理应当统筹安排，做好部门间的调剂，而不是直接增加成本。就算这项开支真的有必要，也要有所保留。比如一个部门要求招聘两个人，你只给一个，要求添置 5 台电脑，你只买两台。即使你错了，你还有很多纠正错误的机会，但如果反过来，审核不严，大笔一挥，钱很容易就流失了，你根本没有纠正的机会，而且"上梁不正下梁歪"，这样还容易形成奢侈攀比之风。所以，要想控制管理成本，总经理不仅要态度坚决，多砍、少花，还要从自己做起，严把审核关。

2. 推行无纸化办公

现在网络已经很发达了，若还是以纸质文件进行沟通，则需要有打印机，需要耗材和维修，需要排队打印，还需要有人传递，一项不合理的支出，就带来了更多不必要的支出，其浪费的人力、物力和时间成本已远远超过了使用即时办公软件或电子邮箱的成本。

3. 拒绝冗余信息

宝洁公司前任总经理理查德·德普雷非常厌恶超过一页的备忘录。他往往会退回冗长的文档，在上面写上他的命令："把它简化成我所需要的东西！"如果该文档过于复杂，他还会加上一句："我不理解复杂的问题，我只理解简单明了的！"他曾在接受来访者访问时，对这个问题这样解释："我工作的一部分就是教会他人如何把一个复杂的问题简化成一系列简单的问题。只有这样，我们才可以更好地进行下面的工作。"

宝洁公司的文化认为，在企业中，任何建议或方案多于一页，都是浪费，它们增加了解决问题过程中的不稳定因素，助长了员工当中长篇累牍、卖弄文字、不切实际、不分轻重缓急，甚至相互无休止较量的习气，将会产生许多不良的后果。

后来，"一页备忘录"成为宝洁公司的传统。从众多意见中筛选出有关事实的一页报告，能够剔除冗余信息，直截了当、切中要害、节约沟通成本，让人头脑清晰，这正是宝洁公司做出正确决策的基础。

4. 少开会，开短会

开会只应用来做决定，而不是没完没了地讨论问题。尽可能利用好即时办公软件、电子邮箱和通讯系统。及时打电话往往比面对面的会晤简短，能够直切主题，快速解决问题，因此，电话讨论可以被用来替代很多会议。如果一个企业会务过多，往往说明会议的效率不高，这样会造成许多浪费。

可通过制定一些会议原则来提高会议的效率。比如站着开会，因为站着开会不太舒服，能省去不必要的话，直奔主题，快速解决问题。又比如开短会，管理者都应具有在 30 分钟内把会开完的能力。总之，不要为了开会而开会。

5. 严控办公面积

许多企业的办公面积都有富余，为了填充这些多余的空间，企业又花不少钱购置了诸如字画、书架、鱼缸等各种摆设。但实际上，不论总经理的办公室有多豪华，各部门主管的办公室有多宽敞，也对利润没有帮助。客户要的是产品质量和服务效率，他们才不在乎你的办公面积有多大。

6. 要注意细节

节约日常的花销，可以聚沙成塔，释放利润潜力。进行年度预算时，管理层一定要仔细审核每一项预计开支，认真回答以下问题。

如果你想重新开业，你还会有这项开支吗？

这项开支相对于企业的需要是否过于特殊化？

这项开支是否已超过了它创造的价值？

在不危害企业的前提下，可否将这项开支删除，或者至少降低它的频率？

其他的企业如何达到同样的效果？有没有其他更经济的方法？

下面是一些常见的节约小妙招，如表 13-1 所示。

表 13-1　　管理成本节约小妙招

费用类型	措　施
差旅费	坐飞机都只能选择经济舱而不是头等舱；去掉不必要的公费旅行
办公费	砍掉办公费预算的 1/3
长途电话费	抽查电话账单，公开个人长话记录，通知违规人员下次若再违规将受到严厉的惩处
专职司机	外包
饮食供应	外包
各种费用	不定期抽查一些人员的报销单，抓出不适宜的花费并对其进行警告；签短期合同

库存成本要如何控制

库存成本包括订货成本、购置成本、储存成本和缺货成本。控制库存成本，就是要使这 4 项成本的总和最小化。在我们分析这 4 项成本的构成之前，首先需要引入一对成本概念：固定成本和变动成本。

成本可以按照其是否随业务量的变化而呈线性变化，区分为固定成本和变动成本。

固定成本指不随业务量变化而变化的成本；而变动成本指随业务量变化而呈线性变化的成本。

你可能会说，那么如果有一种成本，它随业务量变化而呈非线性变化，又叫什么成本呢？这种成本兼有固定成本和变动成本的性质，所以被称作混合成本。为了研究的方便，我们一般也会把混合成本拆解成为固定成本与变动成本。

在理解了固定成本和变动成本的概念之后，我们可以对 4 项库存成本进行逐一的分析。

◆ 订货成本

订货成本主要包括订货的固定成本和订货的变动成本。

前者与订货次数无关，如常设采购机构的日常开支。后者则与订货次数有关，例如差旅费、运费等。

◆ 购置成本

购置成本指存货置备的金额。这里的购置成本是所有需要购置的存货的原始成本的总和，其中某一存货的购置成本 = 此种存货的需要量 × 此种存货的进货单价。

◆ 储存成本

储存成本分为固定储存成本和变动储存成本，前者主要包括仓库租金、仓库职工的固定工资等；后者主要包括存货所占用资金的应计利息、存货损耗和存货保险费等。

◆ 缺货成本

缺货成本指由于存货供应中断而造成的损失，主要包括因材料供应中断而造成的停工损失、产成品库存缺货造成的拖延发货损失、丧失销售机会的损失以及信誉的损失等。

为了使存货最优化，需要计算出合理的进货批量，安排合理的进货时间，以使库存成本的总和最低。这个批量就称为"经济订货批量"，主要采用经济订货模型来计算。

【提示】什么是经济订货模型

我们已经知道库存总成本 = 订货成本 + 购置成本 + 储存成本 + 缺货成本，其中：

订货成本 = 订货的固定成本 + 订货的变动成本

= 订货的固定成本 + 订货次数 × 每次订货的变动成本

= 订货的固定成本 + 存货年需要量 / 每次进货量 × 每次订货的变动成本

购置成本 = 存货年需要量 × 存货进货单价

储存成本 = 固定储存成本 + 变动储存成本

= 固定储存成本 + 平均存货量 × 单位变动储存成本

= 固定储存成本 + 每次进货量 /2× 单位变动储存成本

所以，库存总成本 = （订货的固定成本 + 存货年需要量 / 每次进货量 × 每次订货的变动成本）+（存货年需要量 × 存货进货单价）+（固定储存成本 + 每次进货量 /2× 单位变动储存成本）+ 缺货成本

经济订货模型的基本原理是：假设订货的固定成本是已知数，每次订货的变动成本是已知数，存货年需要量是已知数，存货进货单价是已知数，固定储存成本是已知数，单位变动储存成本是已知数，供需稳定即不存在缺货成本。那么在这一系列假设的基础之上，通过求导，可以得到一个能使库存总成本最小的每次进货量，即"经济订货批量"。

经济订货批量 =[（2× 每次订货的变动成本 × 存货年需要量）/ 单位变动储存成本]$^{1/2}$

不过，以上结论是以供需稳定为前提的。在现实中，存货需要量可能会增大，交货时间也可能会延误，如果这样的情形发生，就会产生缺货成本。因此，企业应当有一定的保险储备，最佳策略是保留最小的库存。也就是说，你只需要维持正常贸易的必需存货量，而不用考虑临时的大笔订单。

如果你是企业的库存成本管理者，下面也为你准备了一些节约小妙招。

◆ 加速生产周期，生产越快，需要的库存量越小。

◆ 要求供应商迅速送货，如果供应商反应迅速，就相当于他们在替你

管理库存。

◆ 接受企业偶尔会缺货的事实，一家永远也不会缺货的企业很可能商品积压过多。

◆ 和客户一起做销售预测，充分了解客户的销售预测，以此为依据安排生产和库存。

◆ 与竞争对手建立同业联盟，互通有无，当一方遇到大客户时，各方共同分享库存和利润。

◆ 不要陷入固定订货程式，也不要采用定期定量的续订程式。

◆ 减少库存地点的数量。

◆ 向供应商争取商品滞销退回的政策。

盈亏平衡点怎么算

在成本管理中，有一个很著名的分析方法，叫做本量利分析。利用好它不仅能够帮助我们预测在保本条件下或者保利条件下应当实现的销售量，还能够帮助我们做生产决策、定价决策和投资决策。

本量利分析的原理其实很简单。我们已经知道，利润＝销售收入－成本，而且成本包括固定成本和变动成本。

因此，这个公式可以变形为：

利润＝销售收入－变动成本－固定成本

而变动成本＝销售量 × 单位变动成本，所以上式还可以进一步变成：

利润＝销售量 × 单价－销售量 × 单位变动成本－固定成本

提取公因式，则可得到：

利润 = 销售量 ×（单价 – 单位变动成本）– 固定成本

现在，如果刚好保本，也就是利润刚好为零的情况下，可以得到保本销售量，即盈亏平衡点时的销售量。令利润 =0，则：

销售量 ×（单价 – 单位变动成本）– 固定成本 =0

销售量 = 固定成本 /（单价 – 单位变动成本）

也就是说，只要知道固定成本、单价和单位变动成本，我们就能够计算出企业至少要卖出多少商品才能够不亏损。企业管理者总是希望盈亏平衡点越低越好，从公式中可以看出，固定成本、单价和单位变动成本这三者都对保本销售量有直接影响。

（1）固定成本与保本销售量变动方向相同，即固定成本越小，保本销售量越小。

（2）单位变动成本与保本销售量变动方向相同。即单位变动成本越小，保本销售量越小。

（3）单价与保本销售量变动方向相反。即单价越高，保本销售量越小。

成本越小，保本销售量越小我们很容易理解，这也正是企业要做成本控制的原因。可是，"单价越高保本销售量越小"是否就是说我们要提高单价呢？

这个问题可没有那么简单。因为提高单价通常会引起实际销售量的减少，直接降低我们的市场份额，所以这个措施必须要慎用。对单价、固定成本、单位变动成本发生微小变化时影响利润的方向和程度，我们一定要做到心中有数。在财务管理中，这就叫利润敏感性分析。利润的敏感系数是一个反映各因素对利润敏感程度的指标，它的计算方法是：

敏感系数 = 利润变动百分比 / 因素变动百分比

为了便于大家理解，请看下面的案例。

【案例分析】——计算魅嘉家具公司利润的敏感系数

如表 13-2 所示为魅嘉家具公司的有关数据。

表 13-2　　魅嘉家具公司的预测数据

名称及单位	上年数据	预计今年增长幅度
销售量（件）	100 000	10%
销售单价（元）	30	10%
单位变动成本（元）	20	10%
固定成本（元）	200 000	10%

请试着分别计算销售量、销售单价、单位变动成本、固定成本的利润敏感系数。

首先我们来计算销售量的利润敏感系数。

上年利润 =100 000×（30−20）−200 000=800 000（元）

今年销售量 =100 000×（1+10%）=110 000（件）

今年利润 =110 000×（30−20）−200 000=900 000（元）

利润变动百分比 =（900 000−800 000）/800 000=12.5%

销售量的利润敏感系数 =12.5%÷10%=1.25

也就是说，销售量变动 10%，会引起利润变动 12.5%，其实销售量的利润敏感系数就是经营杠杆系数。

其次，再来计算销售单价的利润敏感系数。

今年单价 =30×（1+10%）=33（元）

今年利润 =100 000×（33−20）−200 000=1 100 000（元）

利润变化百分比 =（1 100 000−800 000）/800 000=37.5%

单价的利润敏感系数 =37.5%÷10%=3.75

也就是说，销售单价变动 10%，会引起利润变动 37.5%。

同理，可以分别算出，单位变动成本的利润敏感系数为 −2.5，即单位变动成本每增加 1%，会引起利润减少 2.5%；固定成本的利润敏感系数为 −0.25，说明固定成本每增加 1%，会引起利润减少 0.25%。

如果某因素的利润敏感系数的绝对值大于 1，就说明该因素的变化会造成利润更大的变化，这样的因素我们称之为"敏感因素"；如果某因素的利润敏感系数的绝对值小于 1, 则称之为"不敏感因素"。懂得对利润做敏感性分析的方法, 我们就可以在决策前预先量化计算出各因素对企业利润的影响方向和程度, 从而合理地制定决策措施。

【提示】多种产品的本量利分析方法

在现实中, 企业一般都同时经营多种产品, 而不仅仅是单一的产品, 因此在做本量利分析时, 可以采用以下 5 种方法, 即加权平均法、联合单位法、主要产品法、分算法和顺序法。

加权平均法指以各种产品的预计销售收入占总收入的比重为权数, 分析保本点销售额的方法; 联合单位法指先确定各种产品的业务量比例, 然后将各种产品按该比例的最小量为一个联合单位, 分析保本点销售额的方法; 主要产品法指选择其中一种主要产品, 分析保本点销售额的方法; 分算法指先将全部固定成本按照一定标准在各种产品之间合理分配, 然后再分别对每种产品分析其各自的保本点销售额的方法; 顺序法指先设定各种产品的销售顺序, 然后依次补偿固定成本, 直到补偿完为止, 如此来分析保本点销售额的方法。

管理者如何快速了解行业

实际工作中面对的问题纷繁复杂，财报也不是万能的，如果没有对行业的深刻了解，管理者就找不到问题的关键所在，面面俱到不但不可能，反而会造成资源和机会的浪费。

作为一名管理者，只有不断向行家学习，加快自身了解行业的速度，才可能把握住行业起跑先机，占据头部资源，形成竞争优势，建立行业壁垒，也才可能帮助企业在瞬息万变的市场中长期立于不败之地，实现持续获利。

本章将为你提供快速了解行业的思路，并手把手地教你如何梳理行业知识。

虽然本章是额外补充的内容，但是它却好比是一套暗器，如果运用得当，关键时刻有可能会收到一招制敌的奇效。

【本章要点】

如何才能加快懂行速度

光能看懂财报还不够，如果没有对行业的深刻了解，管理者就容易脱离实际，这样得出的分析结果是缺乏说服力的。

关于为什么管理者要掌握快速了解行业的技能，想必不用我多说，关键在于要怎么做。

下面我用一种创造性解决问题的工具——类比法，来向大家提供快速了解行业的一些思路。类比法的步骤如下。

第一步，准确地定义问题，这个问题就是我们的源问题。

第二步，将源问题类比成一个大家熟知的问题，作为类比问题。

第三步，情景再现，将影响步骤二中的类比问题的因素罗列出来。

第四步，回归源问题，用步骤三中所罗列的类比问题的影响因素进行类比，得到影响源问题的因素。

第五步，审视步骤四中得到的结果，最后得到创造性解决源问题的方法。

为了帮助大家理解，我把运用类比法解决这个问题的具体过程做个演示。

第一步，准确地定义源问题，如"如何加快懂行速度"。

第二步，类比问题，如"如何打破短跑记录"。

第三步，在脑海中情景再现，罗列出"如何打破短跑记录"这个问题的影响因素，包括体能、教练、训练、起跑时机、奖励、决心、器材、竞争和练习等。

第四步，回归源问题，通过进行类比，得到"如何加快懂行速度"这个问题的影响因素，依次为体能→综合素质、教练→行家、训练→情景模拟、起跑时机→新事物成长期、奖励→出效益、决心→链接梦想、器材→占有资源、竞争→排除竞争、练习→实践等。

第五步，审视类比结果，最后得到创造性解决源问题"如何加快懂行速度"的方法，依次为：

（1）管理者自身具有较高的综合素质。

（2）向可信赖的行家学习。

（3）跟随行家模拟的真实情景训练。

（4）把握住进入时机，例如新事物的成长期。

（5）最好与自身利益挂钩。

（6）把自身梦想与"加快懂行速度"链接起来，强化决心。

（7）抢占资源。

（8）立即对所有的资源宣告所有权，以形成竞争优势和建立行业壁垒。

（9）实践。

其示意图如图 14-1 所示。

如何加快懂行速度

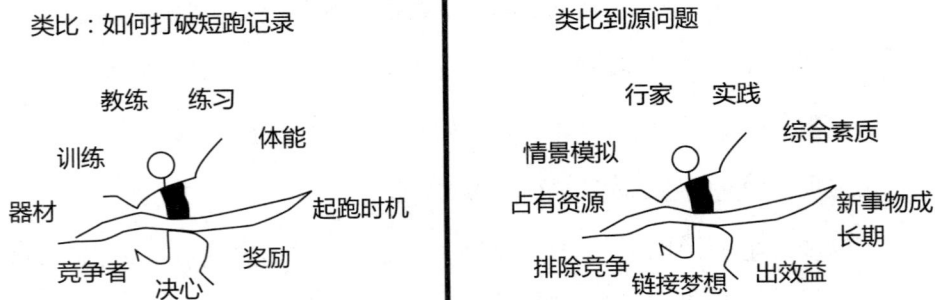

图 14-1　类比法图示

在找到了这些影响因素之后，我们再使用前面介绍过的另一种分析工具——"影响因素分析图解"，用它帮助我们找到问题的主要原因和主要结果，如图 14-2 所示。

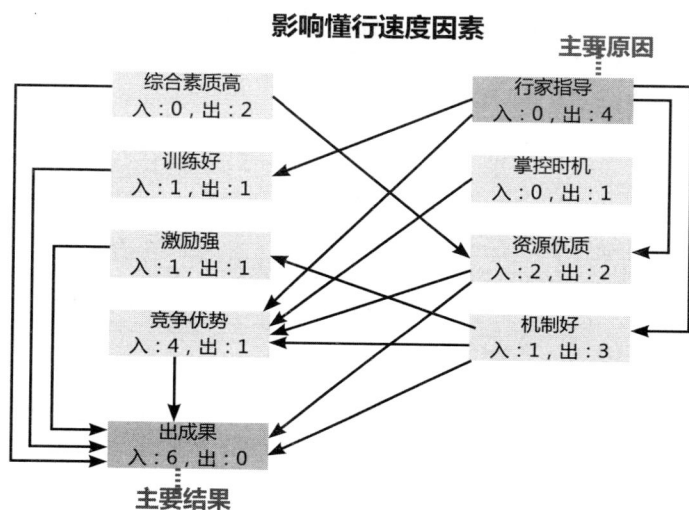

影响懂行速度因素

图 14-2 影响懂行速度的因素图解

根据上图所示的影响因素分析可知，影响懂行速度的因素中，主要原因是"行家指导"，因为它有 4 个导出箭头和零个导入箭头；主要结果是"出成果"，因为它有 6 个导入箭头和零个导出箭头。

既然行家指导是主导因素，那么哪些人是最懂行业的行家呢？

首先，券商里写行业研究报告的人，他们常年研究和走访上市公司，对整个产业链了解得比较完整。

其次，投资机构中的投资专家，他们关注细分市场的投资机会，对行业未来发展趋势看得比较透。

此外，行业老兵，他们在行业中沉淀多年，对产品、技术、市场及行业痛点等感受最真切，并具有大量行业资源。

因此，若想加快懂行速度，就要想方设法与这些行家建立有效的链接。

如何利用招股说明书了解行业概况

每周五晚上，在中国证监会的网站上都会将排队上市的公司的招股说明书进行预先披露。根据证监会 2015 年修订的《公开发行证券的公司信息披露内容与格式准则第 1 号——招股说明书》，上市公司的招股说明书中都必须详细描述本行业的详细情况和未来业务发展目标，这些就是企业最好的行业研究材料。

但是，一份招股说明书动辄就是 400 ~ 500 页，这么长的篇幅，我们该从哪儿去找所需要的信息呢？

就以本书中一直提到的魅嘉家具公司举例来说，我们如果要分析它的财报，还需要对家具行业有较为深刻的了解。

我们从证券分析软件中，将全部 A 股的简要资料以 Excel 的形式导出，然后点击菜单栏中的"数据"选项卡中的"筛选"按钮，则可得到如图 14-3 所示的效果。

	A	B	C	D	E	F	
1	证券代码	证券名称	公司中文名称	所属申万行业 行业类别全部	省份	城市	
2	000001.SZ	平安银行	平安银行股份有限公司	银行-银行-银行	广东	深圳市	办理人民币存、贷、
3	000002.SZ	万科A	万科企业股份有限公司	房地产-房地产开发-房地产开发	广东	深圳市	房地产开发,兴之实业
4	000004.SZ	国农科技	深圳中国农大科技股份有限公司	医药生物-生物制品-生物制品	广东	深圳市	通讯、计算机、软件
5	000005.SZ	世纪星源	深圳世纪星源股份有限公司	公用事业-环保工程及服务-环保工程及服务	广东	深圳市	生产经营各种橡胶布
6	000006.SZ	深振业A	深圳市振业(集团)股份有限公司	房地产-房地产开发-房地产开发	广东	深圳市	投资兴办实业体系
7	000007.SZ	全新好	深圳市全新好股份有限公司	综合-综合-综合	北京	北京市	轨道交通 计算机网
8	000008.SZ	神州高铁	神州高铁技术股份有限公司	机械设备-运输设备-铁路设备	北京	北京市	国内商业 物资供销业
9	000009.SZ	中国宝安	中国宝安集团股份有限公司	综合-综合-综合	广东	深圳市	高新技术项目的开发
10	000010.SZ	美丽生态	深圳美丽生态股份有限公司	建筑装饰-园林工程-园林工程	广东	深圳市	房地产开发及商品房
11	000011.SZ	深物业A	深圳市物业发展(集团)股份有限公司	房地产-房地产开发-房地产开发	广东	深圳市	进行平板玻璃、工程
12	000012.SZ	南玻A	中国南玻集团股份有限公司	建筑材料-玻璃制造-玻璃制造	广东	深圳市	在合法取得土地使用
13	000014.SZ	沙河股份	沙河实业股份有限公司	房地产-房地产开发-房地产开发	广东	深圳市	研究开发、生产经营
14	000016.SZ	深康佳A	康佳集团股份有限公司	家用电器-视听器材-彩电	广东	深圳市	生产经营各种类型的
15	000017.SZ	深中华A	深圳中华自行车(集团)股份有限公司	汽车-其他交运设备-其他交运设备	广东	深圳市	生产装配各种类型的

图 14-3 进入全部 A 股的筛选状态

然后通过"行业类别"右边的三角符号，打开筛选面板，在其中输入"家具"，则可得到如图 14-4 所示的效果。

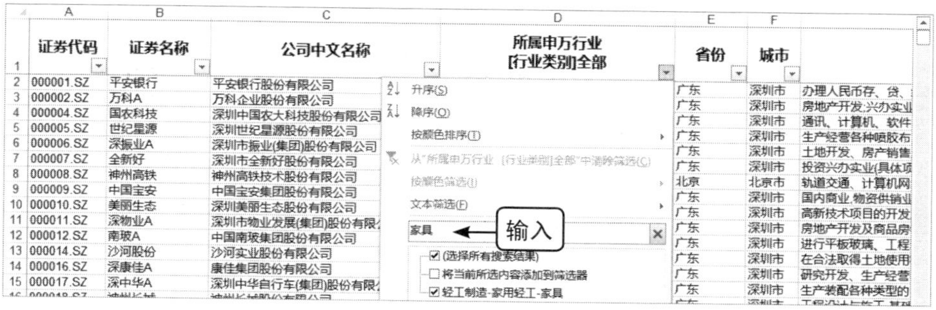

图 14-4　设置筛选条件

点击面板中的"确定"按钮，就可以筛选出家具行业的全部上市公司的简要资料，如图 14-5 所示。

图 14-5　筛选出符合条件的结果

接着，我们将滚动条拉到最右边，可以看到"首发上市日"这一列，如图 14-6 所示。

图 14-6　找到"首发上市日"数据

然后，点击"首发上市日"右边的三角符号，在打开的面板中进行勾选，如图 14-7 所示。

	营业收入 16年合并报表 [单位]元	净利润 17年合并报表 [单位]元	净利润 16年合并报表 [单位]元	证券板块	首发上市日	律师事务所
223	1,553,984,128.2400	71,280,009.6400	129,117,934			福建君立律师事务所
393	6,531,376,106.6500	737,440,933.8000	534,142,934			江苏世纪同仁律师事务所(深圳)
705	1,401,565,207.4400	18,612,433.8400	21,674,037			北京国枫(深圳)律师事务所
953	3,792,336,292.9200	69,906,906.3200	43,299,549			律师事务所
1035	4,529,964,328.4000	904,556,869.3800	637,484,367			康达律师事务所
1094	1,131,551,425.0800	88,953,345.8300	194,308,875			广东诺信律师事务所
1304	630,382,823.2900	103,218,081.2200	87,539,949			北京市金杜律师事务所
1983	4,026,001,828.1800	380,044,995.9900	255,510,652			国浩律师(上海)事务所
2089	487,862,606.1000	62,827,454.8700	60,084,343			国浩律师(上海)事务所
2393	3,466,512,386.1900	365,364,011.1200	330,800,546			浙江天册律师事务所
2899	5,700,168,822.1100	748,059,461.8600	707,812,446			律师事务所
3103	2,217,115,498.3800	282,371,466.4700	203,480,447			律师事务所
3198	1,098,888,659.8400	166,743,714.7900	96,223,133			北京市君泽君(上海)律师事务所
3210	766,487,595.1600	137,567,788.4800	109,360,362			律师事务所
3216	695,205,072.4000	80,072,262.4200	70,184,339			国浩律师(上海)事务所
3246	1,723,034,051.1600	153,430,972.6500	198,606,699			华普天健
3255	676,198,135.1200	83,671,287.4400	68,666,430			国浩律师(杭州)事务所
3288	561,955,127.5000	61,770,172.7200	76,666,863			律师事务所
3345	1,401,922,475.4700	100,877,406.9600	120,230,571			律师事务所
3377	1,723,029,881.3900	169,519,268.4400	268,763,519			律师事务所
3404	591,742,432.4200	82,681,676.5400	73,220,922			安徽天禾律师事务所
3439	1,569,992,665.3700	234,222,776.8400	177,790,814			大华

升序(S)
降序(O)
按颜色排序(T)
从"首发上市日"中清除筛选(C)
按颜色筛选(I)
文本筛选(F)
搜索

☑ 2017-03-10
☑ 2017-03-28
☑ 2017-05-12
☑ 2017-06-15
☑ 2017-06-30
☑ 2017-11-21
☑ 2017-12-01
☑ 2018-02-08

①点击　②勾选

图 14-7　设置"首发上市日"的筛选条件

再点击"确定"按钮，然后将滚动条拉到最左边，点击"主营业务"右边的三角符号，再次筛选"家具"，可得到如图 14-8 所示的效果。

	主营业务	营业收入 17年合并报表 [单位]元	营业收入 16年合并报表 [单位]元	净利润 17年合并报表 [单位]元	净利润 16年合并报表 [单位]元
1094	木地板	1,600,287,780.3500	1,131,554,825.0800	88,953,345.8300	194,308,875.5900
1304	定制厨柜	826,443,230.5300	630,382,823.2900	103,218,081.2200	87,539,949.5100
1983	全屋定	5,323,447,093.0000	4,026,001,828.1800	380,044,995.9900	255,510,652.2500
2089	人体工学	747,830,821.5900	487,862,606.1000	62,827,454.8700	60,084,343.5600
2393	中高端	4,179,418,202.2200	3,466,512,386.1900	365,364,011.1200	330,800,546.8600
2899	实木家具	8,021,563,711.1400	5,700,168,822.1100	748,059,461.8600	707,812,446.1100
3103	床垫、软	3,187,357,907.8100	2,217,115,498.3800	282,371,466.4700	203,480,447.9100
3198	本公司的研	1,441,967,104.7400	1,098,888,659.8400	166,743,714.7900	96,223,133.7400
3210	木门的研	1,009,738,898.5800	766,487,595.1600	137,567,788.4800	109,360,362.7900
3216	从事木地	796,400,202.6200	695,205,072.4000	80,072,262.4200	70,184,339.6800
3246	记忆绵枕	2,338,803,607.5800	1,723,034,051.1600	153,430,972.6500	198,606,699.9100
3255	定制家具	915,012,606.7300	676,198,135.1200	83,671,287.4400	68,666,430.9400
3288	家具沙发	572,705,720.1400	561,955,127.5000	61,770,172.7200	76,666,863.9300
3345	主要从事	1,840,632,699.8900	1,401,922,475.4700	100,877,406.9600	120,230,571.6500
3377	办公椅、	1,895,893,756.1100	1,723,029,881.3900	169,519,268.4400	268,763,519.0900
3404	公司主营	784,512,550.8600	591,742,432.4200	82,681,676.5400	73,220,922.6300
3439	整体厨房	2,156,675,383.1200	1,569,992,665.3700	234,222,776.8400	177,790,814.0000
3446	客厅及卧	6,665,443,958.0500	4,794,534,917.6400	830,864,749.0700	572,455,001.0900

升序(S)
降序(O)
按颜色排序(T)
从"主营业务"中清除筛选(C)
按颜色筛选(I)
文本筛选(F)
家具　←筛选
☑（选择所有搜索结果）
☐ 将当前所选内容添加到筛选器
☐ 床垫、软床及其他家具产品的设计
☐ 从事木地板产品(主要为强化复合地板
☐ 定制家具产品的设计、研发、生产
☐ 定制衣柜及配套定制家居的研发

图 14-8　设置"主营业务"的筛选条件

点击"确定"按钮，从中选择一个主营业务与魅嘉家具公司最接近的一家公司，例如"尚品宅配"，如图 14-9 所示。

	证券名称	公司中文名称	所属申万行业 行业类别全部	省份	城市	经营范围	主营业务
1983	尚品宅配　←选择	家居股份有限公	轻工制造-家用轻工-家具	广东	广州市	家具零售;家具批发	全整板式家具的定制生产及销售
2089	乐歌股份	科技股份有限公	轻工制造-家用轻工-家具	浙江	宁波市	升降桌、升降台，各人体工学家具产品的研发、生产
3216	菲林格尔	上海菲林格尔木业股份有限公司	轻工制造-家用轻工-家具	上海	上海市	生产实木地板、各类木地板(主要为强化复合地板
3255	我乐家居	南京我乐家居股份有限公司	轻工制造-家用轻工-家具	江苏	南京市	家具、厨房卫生间用	定制家具产品的设计、研发、生
3439	志邦股份	志邦厨柜股份有限公司	轻工制造-家用轻工-家具	安徽	合肥市	厨房家具、厨房装饰	整体厨柜、定制衣柜等定制家具
3537							
3538							
3539							

图 14-9　选择具体某一家家具公司

此时，我们再到证监会的网站上使用"招股说明书＋尚品宅配"组合关键词搜索，可以得到如图 14-10 所示的结果。

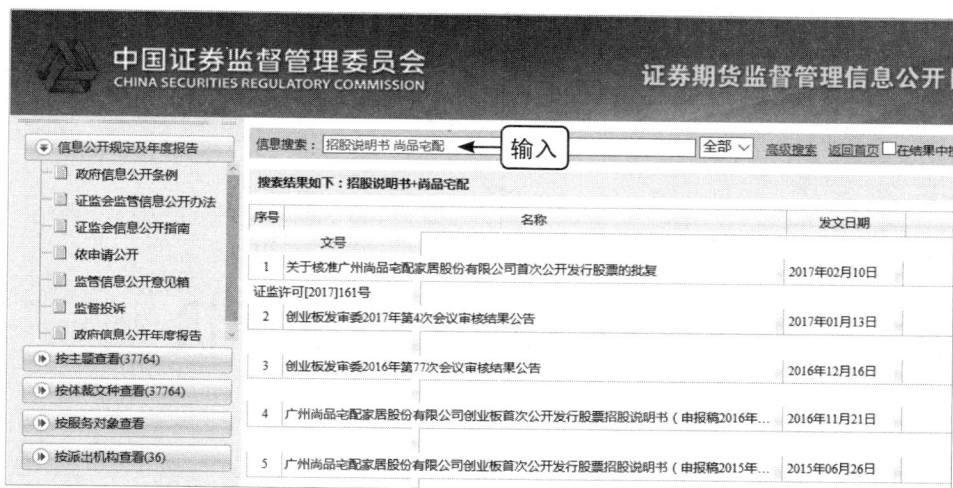

图 14-10　搜索所选公司的招股说明书

选择尚品宅配距离现在最近时间的招股说明书，点击后即可下载其 PDF 文档。

可以看到尚品宅配的招股说明书足足有 403 页，但其实并不是所有的内容都需要逐字逐句地查看。招股说明书披露的格式和内容是有章可循的。

以尚品宅配为例，我们可以看到，其目录大约在第 30 页左右，能看到"二、公司所处行业的基本情况"在文档的第 110 页，如图 14-11 所示。

图 14-11　通过目录快速查找内容

于是我们跳到第 110 页之后开始阅读。重点了解家具行业的市场容量，政策法规，进入壁垒，影响因素，周期性、季节性、区域性特点，以及与上下游行业之间的关系。此外，我们还需关注主要竞争对手的情况，以及行业的进入壁垒、优势和劣势。

以下，我们按照上述方法，选取了职业技能培训行业上市公司的招股说明书，提炼出这一行业现状的基本结构和内容如下，作为举例说明，仅供读者参考。

职业技能培训行业的现状

1. 经营模式

经过 20 多年的发展，职业技能培训行业的经营模式也在不断演变。按照培训机构主体的不同，职业技能培训模式可以分为高校培训模式和社会培训模式。高校培训模式主要指国内高等学院如北京大学、清华大学等开设的 MBA 或 EMBA 项目，这些项目主要利用高校内的教师资源进行培训，课程内容主要为国内外最前沿的管理科学理论知识和经典案例；学员通过这些项目的学习还将取得教育部承认的学历证书。社会培训模式主要是指跨国培训公司或国内培训公司提供的职业技能培训服务。通常情况下，社会培训更加侧重于实务管理技能的培养。

按照培训形式的不同，职业技能培训又可以分为公开课培训模式和企业内训模式。公开课培训主要指公司开设培训课程并组织学员集中授课的模式，是职业技能培训行业内最基本的经营模式。内训模式主要指公司应客户的要求，派出公司内训师前往客户内部，为客户指定的管理人员提供职业技能培训服务的模式，它通常是针对特定客户提供的培训服务。

根据培训课程内容所有权的不同，职业技能培训行业的经营模式又可以分为自主培训模式和平台培训模式。自主培训模式是指培训机构自己开发课程、聘任讲师、销售课程并集中培训的模式，该模式的主要特点是培训讲师是与培训机构签订合同的正式员工，培训课程的所有权也归公司所有。平台模式主要是指培训机构搭建培训平台，聘用第三方机构的专业讲师为学员授课，在该模式下，培训机构负责培训课程的推广和销售，以及培训会场的布置、培训学员的组织和后勤服务，而职业技能培训则由第三方机构的专业讲师来完成。

根据培训渠道的不同，职业技能培训行业的经营模式也可以分为线上培训和线下培训。线上培训主要是指利用互联网媒介进行培训的业务模式。线下培训主要指在特定场所，讲师和学员面对面进行培训的模式。目前，线上培训虽然发展较快，且未来发展前景广阔，但现有的技术条件尚不能完全解决线上培训的应用场景问题，培训的用户体验相对线下培训还有所不足，特别是线上培训缺乏线下培训的课堂气氛，从而影响培训效果。

职业技能培训行业的经营模式多种多样，部分行业内的优秀企业开始尝试组合各类经营模式以提高学员的培训效果和培训体验。

2. 周期性

职业技能培训和咨询通常都存在于企业发展的全过程，具有长期、连续、稳定的特点，因此，为保持自己的核心竞争力，通常情况下，企业对人才的教育与培训都较为关注。本行业的周期性特征不明显。

3. 区域性

职业技能培训和咨询行业是从北京、上海、深圳、广州等一线城市发展起来的，因此具有一定的区域性特征。当前东部沿海地区在企业数量上占据较大比重，但近年来，该行业已经逐渐突破区域限制，向二、三线城市乃至全国辐射，行业的区域性特征在逐渐减弱。

4. 季节性

职业技能培训和咨询行业存在一定的季节性特征。通常情况下，每年的第一季度由于时值农历春节假期，且大部分企业又处于年终总结期间，客户的培训需求相对较少。

5. 竞争格局

随着改革开放的深入和我国经济的不断发展，企业的培训需求也日益强烈，职业技能培训行业也随之发展迅速。目前，职业技能培训行业的参与方主要有 4 类机构：高等院校商学院、跨国培训公司在华机构、咨询专注型公司及职业技能培训公司。

高等院校商学院由高校在职教师任课，主要针对企业高管提供相应的经济学或管理学理论性课程，通常研究和教授的是经济管理学前沿的理论和知识。社会培训机构则包括跨国培训公司在华机构、咨询专注型公司和职业技能培训公司。

国外职业技能培训行业发展时间较长，经过多年发展，跨国培训机构已形成成熟的实践理论和课程体系，因此，跨国培训公司在华机构具有较强的先发优势，但其课程的本土化程度较低，在结合中国国情和落地效果方面存在一定的难度。咨询专注型公司主要针对特定企业管理方面的问题提出解决方案，也会就该主题对企业客户提供管理层培训或内训服务。职业技能培训公司是目前我国职业技能培训行业的主要组成部分，主要以职业技能培训课程为主。但由于进入该行业无需大量资金的支持，准入门槛较低，因此，行业内也累积了大量的职业技能培训机构。

目前，国内的职业技能培训市场的竞争格局高度分散，同质化竞争现象明显；培训机构众多（国内培训机构超过 7 万家），但整体上规模普遍较小（大部分培训机构的年业务收入不足 500 万元），市场集中度也非常低，缺乏绝对领导品牌。

6. 行业集中度

2010 年以来，随着职业技能培训的普及，培训业务开始规模化，职业技能培训服务提供商逐步成型，行业出现梯队划分。企业逐渐凭借着教学质量和品牌效应建立了自己的竞争优势，并在规模上与一般的职业技能培训机构拉开距离，年业务收入超亿元，逐渐形成了行业内的第一梯队企业。

职业技能培训行业的企业众多，市场集中度低，即使是位于行业第一梯队的企业，其占整体市场份额的比例也较低，不足 1%。未来，随着行业的进一步整合以及培训机构品牌效应的进一步释放，行业集中度预计将有所提升。

目前，职业技能培训和咨询行业中的机构众多，不同培训机构在规模、业态、市场定位等方面存在着较大差异，导致不同企业之间的利润率水平不尽相同。与规模较小、培训内容单一的培训机构相比，具有核心竞争力的大型培训机构可以提供更有价值的培训内容和更加有效的培训效果，具有更强的定价能力，因此综合毛利率也相对较高，盈利能力更有优势。

随着行业市场的进一步整合，具有品牌号召力、内容研发优势的企业将获得更广阔的发展空间，行业利润将逐渐向这些优势企业集中。

7. 进入壁垒

◆　品牌壁垒

职业技能培训行业属于现代服务业，良好的品牌形象能让企业建立客户粘性，提高客户对企业服务及产品的依赖性。良好品牌形象是由多个维度塑造而成，如服务品质、员工素质、服务经验等，这是一个潜移默化的过程，需要长期投入和经验积累。所以一旦行业先进入者建立了良好的口碑，后进入者往往需要花更多努力和资金追赶领先者。

◆　人才壁垒

职业技能培训行业的核心在于优秀的培训讲师或咨询导师队伍以及高素质的课程研发团队，特别在管理培训咨询行业，由于管理的复杂性和多元性，企业管理培训行业更加需要一批具有完整知识结构、丰富管理实践经验以及良好培训技能的优秀培训导师队伍和课程研发工程师来满足企业管理者的职业技能培训需求。

职业技能培训行业往往具有人才紧缺、人员流动性高的特点，优秀的专业人才倾向于到知名度高、待遇较好的企业就职。对于新进入本行业的企业在招聘专业人才方面形成一定障碍。

◆　客户资源壁垒

职业技能培训行业提供的产品是服务。由于整个社会的知识和技能处于不断的更新当中，所以培训行业所提供的服务是一个长期、连续的过程。同时由于市场情况不断变化，企业为适应市场环境、应对竞争对手的挑战，他们对于职业技能培训的服务需求也是一个长期、连续的过程。这种行业特征决定企业职业技能培训服务的客户具有粘性，职业技能培训的采购具有重复性购买的特征。所以稳定的客户合作导致职业技能培训市场有先入为主的特点，提高了后进入者进入本行业的门槛。

◆ 销售渠道壁垒

职业技能培训与咨询行业的竞争较为激烈，市场上存在大量的培训咨询公司可供客户选择。因此，行业内公司的销售能力则成为公司发展的一个关键因素。对于拟进入本行业的公司来说，由于尚未形成品牌效应及经验曲线，所以很难快速、有效地建立起营销网络和销售渠道，其业务开展也将面临严峻的挑战。

8. 供求状况

◆ 需求广阔

根据国家统计局的年度统计数据，我国 2014 年度至 2016 年度的工商企业数量分别为 1 370.14 万户、1 572.92 万户和 1 819.14 万户，年度涨幅约为15%，增速较快。企业增加形成了生存的压力和发展的愿望，不断激发了职业技能培训的需求。据赛迪顾问股份有限公司统计，美国职业技能培训 62%在企业内部进行，38% 的培训则由社会各类学校和培训机构承担。而在中国，由于企业内部培训体系欠缺等原因，高达 70% 的中小企业更趋向于将培训整体外包给专业培训机构，这为培训市场提供了源源不断的刚性需求。

◆ 转型带来新需求

21 世纪以来，从内部看，我国经济结构矛盾日益突出，众多企业都在寻求转型升级的突破口；从外部看，随着互联网、物联网等新技术的出现，商业模式也在不断创新，甚至许多行业出现了颠覆性的变化，新经济、新业务、新模式不断地冲击着传统的管理科学和理论。在此背景下，国内企业开始逐渐意识到职业技能培训对于自身转型升级的重要作用，并通过不断加大对培训的投入来提升自身的管理水平和人员素质，以应对转型过程中可能遇到的管理问题。

◆ 门槛低，数量多

由于职业技能培训行业进入门槛较低，因此整个行业的培训机构较多，培训供给资源丰富；但与此同时，职业技能培训行业存在着较为明显的结构性失衡的情形，大部分的培训机构规模较小，培训课程的内容质量不高，新颖性程度不够，培训效果不明显，甚至有部分培训机构还停留在小作坊的阶段，主要依赖一两个讲师开展培训业务。随着经济的发展，市场上对这类同质化程度高的培训课程的需求逐渐下降，企业家和公司高级管理人员更加欢迎符合新经济发展要求的职业技能培训内容，但实际上能满足上述需求的大型职业技能培训机构还相对较少。

9. 影响因素

◆ 政策支持

近年来，国家政府部门和各主管机关出台了一系列的产业支持政策以鼓励职业技能培训类企业的发展。《国家中长期人才发展规划纲要（2010—2020年）》中提出加强人才能力培养，为职业技能培训机构拓展企业客户奠定了良好的基础。

《国务院关于印发服务业发展"十二五"规划的通知》明确提出鼓励商务服务业专业化、规模化、网络化发展，加大品牌培育力度，积极开拓国内外市场，培育一批著名商务服务企业和机构，建设一批影响力大的商务服务集聚区。国家产业政策为职业技能培训行业的发展提供机遇。

◆ 经济发展

随着中国经济平稳快速增长，中国经济总量已跃居世界第二位，综合国力显著提高。但与此同时，国内企业的管理水平总体较为落后，而众多的民营中小企业管理粗放，缺乏有效的公司治理体系和管理制度，迫切需要职业技能培训与咨询机构提供专业支持。另一方面，终身学习时代的到来又促使企业员工产生了较为强烈的危机意识和培训需求。因此，现代社会下经营管理的复杂化与落后的企业管理现状的矛盾，以及企业和个人对职业技能培训的双方面需求等多方面因素决定了职业技能培训行业有巨大的发展空间。从近几年的发展情况来看，职业技能培训行业已经发展成为教育培训行业增速最快的细分市场之一。

◆ 中西部需求扩大

我国的区域经济发展较为不平衡，东部经济区域的经济发展水平要显著高于中西部；与此对应，东部地区的职业技能培训市场也较为发达，而中西部地区则显得市场活力不足。随着我国西部大开发战略的实施以及中部经济区域的崛起，中西部地区对专业管理人才的需求市场将迅速扩大，这将为职业技能培训产业带来新的市场机会。

◆ 产业结构调整，经济转型升级

近年来，我国产业结构调整加速，信息技术和互联网技术对传统行业冲击较大，如何适应新经济环境下的发展需求是许多企业面临的新挑战。新经济环境、新技术、新商业模式的出现不断地冲击着传统的管理科学理论和企业管理模式，在此基础上，企业家和高级管理人员需要不断参加职业技能培训并补充新的管理知识才能领导企业进行转型升级，促进企业在新经济环境下持续发展。

◆ 互联网技术进步

互联网技术的广泛运用将有助于职业技能培训行业提升培训体验，提高培训效果，虽然线上教育模式所面临的应用场景难题尚未得到完全解决，但翻转课堂、线上一对一辅导等线上教育模式已经成为线下培训的有益补充。以互联网技术为支撑的在线培训将传统的课堂面授转变为线上、线下互动的模式，突破了时空限制，具有方便、灵活、成本低、可重复学习、碎片化学习等优势。互联网技术的运用将有助于职业技能培训机构提高培训效果，提升培训体验，为职业技能培训行业的进一步发展提供强有力的支持。

◆ 行业初期

我国职业技能培训业处于发展初期，产业生态不完善，特别是缺乏制定标准和开展评估的公益性机构。由于缺乏行业标准和必要的监管，行业存在不规范现象：一是无序竞争情况普遍，职业技能培训服务业竞争激烈，行业同质化竞争、恶性竞争情况普遍，缺乏高质量的职业技能培训产品。二是服务质量不稳定，有些企业随意更换培训师，培训时间和培训内容也存在较大不确定性，损害了广大学员的利益。三是缺乏有效知识产权保护，职业技能培训行业的市场监管体系尚不完善，针对培训课程的知识产权保护措施不健全，导致行业缺乏创新动力。

10. 上下游行业

◆　上游

职业技能培训行业的产业链上游主要为智力机构（师资）和讲师自然人，以及教学培训场地、办公设备、IT 服务和软硬件、耗材等。职业技能培训行业上游竞争充分，因此其对上游行业的依赖性较低。

管理咨询业务主要形式为公司安排业务团队进入客户企业内部进行调研和诊断，了解企业的经营管理问题后，依靠公司的知识系统和专家团队为企业提供问题的解决方案，并协助企业实施。因此，管理咨询行业的产业链上游主要为咨询项目团队，即咨询师等人力资源。

◆　下游

职业技能培训行业的下游为最终消费客户，包括企业消费者和个人消费者，但以企业消费为主。通常情况下，客户的职业技能培训需求随着企业或个人自身的发展需求而同步增加。管理咨询业务的下游客户主要是各行业内的企业。因管理咨询服务为职业技能培训业务的延伸，因此其客户群体与职业技能培训业务下游的企业客户具有较高的重叠性。

根据中投顾问产业研究中心出具的《2017-2021 年中国培训行业投资分析及前景预测报告》，占中国企业数量 99.8% 的中小企业对职业技能培训的需求占整个职业技能培训市场总量的 96.1%。尽管大型企业在职业技能培训方面的投入远高于中小企业，但由于中小企业数量众多，其需求仍然占据市场的绝对主体。

从下游企业的行业分布结构来看，流通业、制造业、金融、租赁及商务服务业占据市场需求的主体，约占市场总量的 80%。其中，流通业为37.8%，制造业为 29.1%，金融、租赁及商务服务业为 14.3%。其次是餐饮和住宿业、交通运输、仓储和邮政业、信息通讯技术业、文体娱乐和传媒业及其他，所占份额分别为 4.7%、3.7%、3.3%、2.9% 及 1.9%。建筑业和能源业由于企业总量较少、对培训的投入相对不足以及企业性质等原因，其市场需求量占市场总量的 2.4%。职业技能培训行业的下游消费者众多，对下游单一客户不存在依赖情形。管理咨询服务的客户群体与职业技能培训业务下游的企业客户也具有较高的重叠性。